CÉLIA RICOTTA MUSSI

Como Identificar Importadores e Exportar Produtos e Serviços

MERCADOS PRIORITÁRIOS, FERRAMENTAS DE TI, ANÁLISES DE MERCADOS, INTELIGÊNCIA COMERCIAL E OPERAÇÃO DE EXPORTAÇÃO

Como Identificar Importadores e Exportar Produtos e Serviços

 # MERCADOS PRIORITÁRIOS, FERRAMENTAS DE TI PARA IDENTIFICAR CLIENTES, ANÁLISES DE MERCADOS INTERNACIONAIS, INTELIGÊNCIA COMERCIAL E OPERAÇÃO DE EXPORTAÇÃO#

2018

Créditos:

Copyright: Célia Ricotta Mussi

Capa: Porto de Valência

Revisão: Célia R. Mussi

Diagramação: Raimundo Mussi

Obra registrada no EDA – Escritório de Direitos Autorais Fundação Biblioteca Nacional

E-ISBN:

Como Identificar Importadores e Exportar Produtos e Serviços

 # MERCADOS PRIORITÁRIOS, FERRAMENTAS DE TI, ANÁLISES DE MERCADOS, INTELIGÊNCIA COMERCIAL E OPERAÇÃO DE EXPORTAÇÃO#

SUMÁRIO

1. INTRODUÇÃO:

1.1 Balança Comercial Brasileira

1.2 Reposicionamento da Política Comercial e Novos Acordos Comerciais

1.3 Acordos Automotivos

1.3.1 Brasil - Uruguai: Acordo Automotivo de Livre Comércio

1.3.2 Brasil - Argentina: Acordo Bilateral Automotivo

1.3.3 Brasil - México: Acordo Automotivo

1.3.4 Brasil - Colômbia: Acordo Automotivo de Cotas Crescentes

1.4 Acordos de Convergência Regulatória, Harmonização de Normas e Facilitação do Comércio Brasil- EUA

1.4.1 Memorando de Intenções sobre Normas Técnicas e Avaliação da Conformidade,

1.4.2 Portal de Normas

1.4.3 Convergência Regulatória para Certificação de Produtos Eletroeletrônicos.

1.4.4 Convergência Regulatória para Certificação de Produtos Têxteis

1.4.5 Acordo entre a Associação Nacional dos Fabricantes de Cerâmica para Revestimentos, Louças Sanitárias e Congêneres (Anfacer)

1.4.6 Programa PPH -Patentes

1.4.7 Assinaturas Eletrônicas – Certificação digital

1.5 Negociações em Andamento e Outros Acordos Comerciais

1.5.1 Acordo de Complementação Econômica Brasil – México: expansão de produtos industriais e agrícolas

1.5.2 Mercosul - SACU

1.5 3 Mercosul - EFTA

1.5.4 Acordo Automotivo Brasil – Paraguai

1.5.5 Brasil – Peru-ACE 5 :   Acordo de Complementação Econômica

1.5.6 Brasil-Colômbia - ACE 59: Acordo de Complementação Econômica

1.6 Acordos Extrarregionais do Mercosul

1.6.1 Acordo de Livre Comércio Mercosul –Israel

1.6.2 Acordo de Preferências Tarifárias Mercosul –Índia.

1.6.3 Acordo de Livre Comércio Mercosul –Palestina

1.6.4. Acordo de Livre Comércio Mercosul – Egito

1.6.5 Acordo de Preferências Tarifárias Mercosul – SACU

2. PNE – PLANO NACIONAL DE EXPORTAÇÃO

2.1 Pilares

2.1.1 Acesso a Mercados

2.1.2 Promoção Comercial

2.1.2.1 Mapa Estratégico de Mercados e Oportunidades Comerciais

2.1.2.2 Calendário Único de Missões Comerciais

2.1.3 Facilitação de Comércio

2.1.3.1 Portal Único de Comércio Exterior

2.1.3.2 Eliminação do papel nas operações de Comércio Exterior

2.1.3.3 Consolidação das Normas de Comércio Exterior

2.1.3.4 OEA: Operador Econômico Autorizado

2.1.4   Financiamentos para Exportação

2.1.4.1 PROEX

2.1.4.2 BNDES EXIM

2.1.5 Garantias às Exportações

2.1.5.1 SCE - Seguro de Crédito à Exportação

2.1.5.2 FGE - Fundo de Garantia às Exportações

2.1.6 Aperfeiçoamento de Mecanismos e Regimes Tributários ás Exportações

3. IDENTIFICAÇÃO E ANÁLISE DOS MERCADOS PRIORITÁRIOS PARA ESPORTAÇÃO DE PRODUTOS E SERVIÇOS

3.1 América do Norte
3.2 Mercados Prioritários para produtos: EUA, Canadá, México.
   . Mercados Prioritários para Serviços: Estados Unidos e México

3.2 Europa

   . Mercados Prioritários para Produtos : Alemanha, Reino Unido e França, Turquia, Rússia, Polônia

   . Mercados Prioritários para Serviços: Alemanha, Reino Unido e França

3.3 América Latina e Caribe

   . Mercados Prioritários para Produtos: Argentina, Colômbia, Venezuela, Peru, Chile, Cuba, Uruguai, Bolívia, Paraguai

   . Mercados Prioritários para Serviços: Argentina, Colômbia, Venezuela, Chile, Uruguai, Bolívia, Paraguai, Peru.

3.4 África

   . Mercados Prioritários para Produtos : África do Sul, Egito, Nigéria, Argélia, Angola, Moçambique.

   . Mercados Prioritários para Serviços: Angola.

3.5 Oriente Médio

   . Mercados Prioritários para Produtos: Arábia Saudita, Emirados Árabes Unidos (Hub), Catar, Kuwait, Bahrein, Omã e Irã.

   . Mercados Prioritários para Serviços: Emirados Árabes Unidos

4. BASE LEGAL DA EXPORTAÇÃO, IMPORTAÇÃO E DRAWBACK

5. CLASSIFICAÇÃO FISCAL DE MERCADORIAS E SERVIÇOS

5.1 Classificação Fiscal de Mercadorias - NCM - OMA)

5.2 Classificação Fiscal de Serviços - NBS – (GATS - OMC)

5.3 TEC – Tarifa Externa Comum

5.4 NBS – Nomenclatura Brasileira de Serviços

5.5 SISCOSERV

5.2.1 Modos de Prestação de Serviços

5.2.2 Premissas do SISCOSERV

5.5.3 NBS - Nomenclatura Brasileira de Serviços

6. MODALIDAES DE VENDA

6.1 Resumo dos INCOTERMS

6.2 NBS e INCOTERMS

7. – FORMAÇÃO DE PREÇOS DE EXPORTAÇÃO

7.1 Mecânica do Retorno sobre o Preço de Venda no Mercado Interno

7.2 Simulador do Preço de Venda para Exportação

8. MODALIDAES DE PAGAMENTO NA EXPORTÇÃO

8.1 Pagamento Antecipado

8.1 Remessa sem Saque

8.3 Cobrança Documentária

8.4 Carta de Crédito

9. FLUXOGRAMA DE EXPORTAÇÃO

10. EMBALAGEM DE EXPORTAÇÃO

10.1 Características

10.2 Identificação

10.3 Formas

10.4 Tipos de Container

10.5 Instruções

11. TRANSPORTES NA EXPORTAÇÃO

11.1 Matriz de Transporte no Brasil

11.2 Características dos Modais de Transporte

11.3 Custos Comparativos

11.2 Transporte Rodoviário de Cargas

11.2.1 Tipos de Veículos

11.2.2. Tipos de Cargas

11.2.3. Vantagens

11.24 Desvantagens

11.2.5 Tendências

11.2.6 Composição

11.2.7 MIC /DTA: Manifesto Internacional Carga Rodoviária / Declaração de Trânsito Aduaneiro

11.3 Transporte Ferroviário de Cargas

11.3.1 Tendências

11.3.2 Desvantagens e Vantagens

11.3.3 Desafios

11.3.4 Frete Ferroviário

11.3.6 BNDES Pró-Estruturação de Projetos de infraestrutura

11.3.7 Vale: 7 mil km de malha ferroviária

11.3.8 Comparativo Caminhão - Trem

11.4 Transporte Marítimo

11.4.1 Tipos

11.4.2 Tipos de Carga

11.4.3 Tarifa

11.4.4 Lotebox: espaço em container

11.4.5 Vale: Terminais Marítimos

11.4.6 Vale: Corredores Integrados Terminal -Ferrovia- Porto

11.5 Transporte Aéreo de Cargas

11.5.1 Tarifas

11.6 Transporte Intermodal

11.7 Transporte Multimodal

12. SEGURO DE TRANSPORTE INTERNACIONAL

12.1 Tipos

12.2 Contratação

12.3 Incidência

12.3 Seguro *all riscks*

13. FINANCIAMENTO À EXPORTAÇÃO DE PRODUTOS E SERVIÇOS

13.1 PROEX - Programa de Financiamento ás Exportações

13.1.1 PROEX Financiamento

13.1.2 Vantagens

13.1.3 Manual de Financiamento às Exportações

13.1.2 PROEX Equalização

13.1.3 Mais Alimentos Internacional - Mecanização Agrícola

13.2- BNDES EXIM:

. Pré - Embarque

. Pós – Embarque

. Automático

13.2 FGI: Fundo Garantidor para Investimentos

13.3 PROGER – Programa de Promoção de Exportações

14. MECANISMOS DE APOIO À EXPORTAÇÃO DE SERVIÇOS E INTAGÍVEIS

14.1 Incentivos Financeiros para Exportação de Serviços

14.1.1 ACC – Adiantamento sobre Contrato de Câmbio

14.1.2 ACE – Adiantamento sobre Cambiais Entregues

14.1.3 BNDES PROSOFT- EXPORTAÇÃO

14.1.4 BNDES EXIM Pós-Embarque

14.1.5 BNDES EXIM Pré-Embarque

14.1.6 CCR - Convênio de Pagamentos e Créditos Recíprocos

14.1.7 FGE - Fundo de Garantia a Exportação

14.1.8 Proex Equalização

14.2 Incentivos Fiscais para a Exportação de Serviços

15. SCE- SEGURO DE CRÉDITO À EXPORTAÇÃO

15.1 Seguro de Crédito á Exportação

15.2 Tipos de Cobertura

15.3 Garantias e Riscos

15.4 Análise Técnica de Operação

16. CÂMBIO DE EXPORTAÇÃO

16.1 ACC - Adiantamento sobre Contrato de Câmbio

16.2 ACE - Adiantamento sobre Cambiais Entregues

16.3 ACC Indireto - Adiantamento sobre Contrato de Câmbio Indireto

17. DOCUMENTOS DE EXPORTAÇÃO PARA PRODUTOS

17.1 Documentos para Exportação de Produtos

17.1 1Documentos de Trânsito Aduaneiro

17.1.2 Documentos de Embarque

17.1.3 Negociação de Documentos

17.1.4 Documentos Fiscais e Contábeis

17.1.5 Outros Documentos

17.2 Documentos para Exportação de Serviços

17.2 .1 Contrato de Compra e Venda Internacional

17.2.2 Nível de Serviço

17.2.3 Fatura Proforma

17.2.4 Fatura Comercial

17.2.5 Contrato de Câmbio

17.2.6 ISS e Documentos Fiscais

17.2.7 Registro no Siscoserv

18. LOGÍSTICA INTERNACIONAL E INTEGRAÇÃO DA CADEIA LOGISTICA

18.1 Criando uma Cadeia Logística Eficiente

18.2 Conceito

18.3 Logística Integrada

18.4 Princípios

18.5 Porto Seco

18.6 Operador Logístico

18.7 REDEX

19. REGIMES ADUANEIROS DA EXPORTAÇÃO

19.1 TA - Trânsito Aduaneiro

19.2 DTA – Declaração de Transito Aduaneiro

19.3 Drawback

19.4 Entreposto Aduaneiro da Exportação

19.5 RECOF - Entreposto Industrial sob Controle Informatizado

19.5.1 Conceito

19.5.2 Modalidades

19.5.3 Habilitação

19.5.4 Evolução

19.5.5 Modificações

19.6 Linha Azul - Despacho Aduaneiro Expresso

19.7 Recof SPED

19.8 Recof, Recof SPED e Drawback Suspensão

20. FERRAMENTAS PARA PROMOÇÃO COMERCIAL, ANÁLISE E INTELIGÊNCIA DE MERCADO

20.1. Ferramentas para Promoção Comercial de Produtos e Serviços: Vitrine do Exportador.

20.2. Ferramentas para Promoção Comercial Produtos e Serviços : ConectaAmericas.

20.3 Ferramentas para Promoção Comercial de Produtos: Pymeslatinas

20.4 Ferramenta Mapa de Mercados e Oportunidades Comerciais para Produtos e Serviços.

20.5 Ferramenta para identificar Informações sobre Produtos, Mercados, Preço médio, Potencial importador, Concorrência, e Barreiras Tarifárias e Não Tarifárias : Radar Comercial.

20.6 Ferramentas para Análise de Mercados para Produtos: Portal Santander.

20.7 Ferramentas para definir Estratégia de Atuação para Produtos e Serviço : CAPTA , Market ACESS MAP.

20.8 Ferramentas para Identificar Oportunidades de Negócio para MPE`S em países membros da ALADI: Pymeslatinas.

20.9 Ferramenta para Identificar Oportunidades de Negócio para Exportação, Importação, Investimento e Serviços : Invest & Export

20.10 ITC - Ferramentas de Análise de produtos em Mercados : Aliceweb e AliceMercosul.

20..10.1 Trade Map

20..10.2 Market Access Map

20. .10.3 Investment Map

20. .10.4 Comércio Competitividade Mapa

20. .10.5 Normas Mapa

20.11 Ferramenta de Estatísticas do Agronegócio: Agrostat

20.12 Ferramentas de Seleção dos melhores Mercados de Exportação : Expoort Market Research

2013 . SISPROM – Sistema de Registro de Informações de Promoção Comercial

21 Estudos de Mercados e Oportunidades Comerciais

22. COMO REQUERER A CERTIFICAÇÃO DO OPERADOR ECONOMICO AUTORIZADO

23 RFB- NOVOS PROJETOS DA RECEITA FEDERAL DO BRASIL

23.1 Projeto Síntia

23.2 Lacres eletrônicos - Canal Azul

23.3 Reestruturação do Transito Aduaneiro

23.4 AEO – Operador Econômico Autorizado

1. INTRODUÇÃO

1.1 Balança Comercial

O melhor da crise é o aquecimento da exportação.

A Balança Comercial do ano de 2015 apresentou um superávit de US$ 19,681 bilhões, o melhor resultado desde 2011, revertendo o déficit alcançado em 2014 de US$ 4,054 bilhões.

A queda dos preços das commodities influenciou o resultado da Balança Comercial de 2015. As exportações cresceram 10% em quantidade em 2015, mas a redução de 22% nos preços internacionais mitigou o ganho obtido com a alta das quantidades exportadas. Se a quantidade em 2015 fosse vendida pelo preço médio de 2014, teríamos receitas extras de cerca de US$ 37 bilhões. Minério de ferro, produtos do complexo soja e petróleo foram os itens mais impactados pela queda dos preços internacionais.

O país saiu de um déficit de US$ 4 bilhões em 2014 para um superávit de quase US$ 20 bilhões em 2015. Em 2016, o superávit deve superar os US$ 35 bilhões. Em 2015 tivemos o maior volume exportado da história do Comércio Exterior brasileiro. Houve o crescimento das exportações de automóveis e a expectativa positiva em relação ao setor para o próximo ano. Tivemos um crescimento de 75,5% em unidades nas vendas para o México, de 5,8% para a Argentina e de 12,8% para o Uruguai. Com os acordos automotivos firmados com esses países e o câmbio como facilitador, teremos resultados positivos em 2016.

O atual cenário terá um impacto bastante positivo para as exportações de produtos manufaturados. Em 2015 tivemos uma redução significativa no déficit da balança de manufaturados, que passou de US$ 109,5 bilhões em 2014 para US$ 71,9 bilhões em 2015. Como resultado, os industrializados responderam por quase 52% da pauta de exportações.

Em 2016, é esperado um superávit da Balança Comercial entre US$ 40 e US$ 50 bilhões de dólares.

Principais destinos e origens do Comércio Exterior:

Principais países de destino das exportações:

1. China (US$ 33,4 bilhões)
2. Estados Unidos (US$ 22,0 bilhões)
3. Argentina (US$ 11,9 bilhões)
4. Países Baixos (US$ 9,2 bilhões)
5. Alemanha (US$ 4,8 bilhões).

Principais países de origem das importações:

1. China (US$ 29,2 bilhões)
2. Estados Unidos (US$ 25,0 bilhões)
3. Alemanha (US$ 9,73 bilhões)
4. Argentina (US$ 9,67 bilhões)
5. Coreia do Sul (US$ 5,2 bilhões).

1.2. Reposicionamento da Política Comercial e Novos Acordos

O Brasil está reposicionando sua política comercial, e a principal iniciativa reside na conclusão do acordo Mercosul e a União Europeia. A perspectiva do acordo preferencial de comércio entre os dois blocos oferece excelentes oportunidades. Esse passo será essencial para o nosso de processo de inserção mais qualificada nas cadeias globais de valor e para uma integração mais efetiva às correntes de comércio internacionais.

O Brasil, também, pode aderir ao Tratado Transpacífico (TTP), tratado de livre comércio entre os Estados Unidos e 11 países do Pacífico, além de Chile, Peru e México. O Brasil tem se aproximado dos países que formam a Aliança do Pacífico na América do Sul, como Colômbia e Peru, bem como promovido à desgravação do comércio com o Chile.

A Aliança do Pacífico é um dos mais novos blocos econômicos do mundo. É formado por México, Peru, Chile e Colômbia. A Costa Rica está em processo de incorporação, devendo entrar efetivamente para o bloco.

Atualmente, cerca de 90% dos produtos são comercializados com tarifa zero entre os países-membros.

A Aliança do Pacífico pretende, até 2018, atingir 100% dos produtos comercializados com tarifa zero.

Á partir de maio de 2016, as prioridades da Política Externa Brasileira passam a ser regidas pelas seguintes diretrizes:

Primeira diretriz:

A diplomacia voltará a refletir de modo transparente e intransigente os legítimos valores da sociedade brasileira e os interesses de sua economia, a serviço do Brasil como um todo e não mais das conveniências e preferências ideológicas de um partido político e de seus aliados no exterior. A nossa política externa será regida pelos valores do Estado e da nação, não do governo e jamais de um partido. Essa nova política não romperá com as boas tradições do Itamaraty e da diplomacia brasileira, mas, ao contrário, as colocará em uso muito melhor..

Segunda diretriz:

Estaremos atentos à defesa da democracia, das liberdades e dos direitos humanos em qualquer país, em qualquer regime político, em consonância com as obrigações assumidas em tratados internacionais e também em respeito ao princípio de não-ingerência.

Terceira diretriz:

O Brasil assumirá a especial responsabilidade que lhe cabe em matéria ambiental, como detentor na Amazônia da maior floresta tropical do mundo, de uma das principais reservas de água doce e de biodiversidade do planeta, assim como de matriz energética limpa e renovável, a fim de desempenhar papel proativo e pioneiro nas negociações sobre mudança do clima e desenvolvimento sustentável.

Quarta diretriz:

Na ONU e em todos os foros globais e regionais a que pertence, o governo brasileiro desenvolverá ação construtiva em favor de soluções pacíficas e negociadas para os conflitos internacionais e de uma adequação de suas estruturas às novas realidades e desafios internacionais; ao mesmo tempo em que se empenhará para a superação dos fatores desencadeadores das frequentes crises financeiras e da recente tendência à desaceleração do comércio mundial.

Quinta diretriz:

O Brasil não mais restringirá sua liberdade e latitude de iniciativa por uma adesão exclusiva e paralisadora aos esforços multilaterais no âmbito da Organização Mundial do Comércio, como aconteceu desde a década passada, em detrimento dos interesses do país. Não há dúvida de que as negociações multilaterais da OMC são as únicas que poderiam efetivamente corrigir as distorções sistêmicas relevantes, como as que afetam o comércio de produtos agrícolas. O multilateralismo que não aconteceu prejudicou o bilateralismo que aconteceu em todo o mundo.

Sexta diretriz:

Iniciaremos, junto com o Ministério da Indústria, Comércio e Serviços, com a cobertura da CAMEX e em intensa consulta com diferentes setores produtivos, a um acelerado processo de negociações comerciais, para abrir mercados para as nossas exportações e criar empregos para os nossos trabalhadores, utilizando pragmaticamente a vantagem do acesso ao nosso grande mercado interno como instrumento de obtenção de concessões negociadas na base da reciprocidade equilibrada.

Sétima diretriz:

Um dos principais focos de nossa ação diplomática em curto prazo será a parceria com a Argentina, com a qual passamos a compartilhar referências semelhantes para a reorganização da política e da economia. Junto com os demais parceiros, precisamos renovar o Mercosul, com o objetivo de fortalecê-lo, antes de mais nada quanto ao próprio livre-comércio entre seus países membros, promover prosperidade compartilhada e continuar a construir pontes, em vez de aprofundar diferenças, em relação à Aliança para o Pacífico, que envolve três países sul-americanos, Chile, Peru e Colômbia, mais o México. Em relação ao México, será prioritário aproveitar plenamente o enorme potencial de complementaridade existente entre nossas economias e hoje das nossas visões internacionais.

Oitava diretriz:

Vamos ampliar o intercâmbio com parceiros tradicionais, como a Europa, os Estados Unidos e o Japão. A troca de ofertas entre o Mercosul e a União Europeia será o ponto de partida para avançar na conclusão de um acordo comercial que promova maior expansão de comercio e de investimentos recíprocos, sem prejuízo aos legítimos interesses de diversos setores produtivos brasileiros. Com os Estados Unidos, nós confiamos em soluções práticas de curto prazo para a remoção de barreiras não-tarifárias, que são, no mundo de hoje, as essenciais. Com os Estados Unidos, confiamos em soluções práticas de curto prazo, eu repito, para a remoção de barreiras não-tarifárias, e de regulação que entorpeçam o intercâmbio. Daremos igualmente ênfase às imensas possibilidades de cooperação em energia, meio ambiente, ciência, tecnologia e educação.

Nona diretriz:

Será prioritária a relação com parceiros novos na Ásia, em particular a China, este grande fenômeno econômico do século XXI, e a Índia. Estaremos empenhados igualmente em atualizar o intercâmbio com a África, o grande vizinho do outro lado do Atlântico. Não pode esta relação restringir-se a laços fraternos do passado e às correspondências culturais, mas, sobretudo, forjar parcerias concretas no presente e para o futuro. Ao contrário do que se procurou difundir entre nós, a África moderna não pede compaixão, mas espera um efetivo intercâmbio econômico, tecnológico e de investimentos. Nesse sentido, a solidariedade estreita e pragmática para com os países do Sul do planeta terra continuará a ser uma diretriz essencial da diplomacia brasileira. Essa é a estratégia Sul-Sul correta, não a que chegou a ser praticada com finalidades publicitárias, escassos benefícios econômicos e grandes investimentos diplomáticos. É importante ter a noção clara de que os diferentes eixos de relacionamento do Brasil com o mundo não são contraditórios nem excludentes, sobretudo dado o tamanho da nossa nação. Um país do tamanho do Brasil não escolhe ou repele parcerias, busca-as todas com intensidade, inspirado no seu interesse nacional. Vamos também aproveitar as oportunidades oferecidas pelos foros inter-regionais com outros países em desenvolvimento, como por exemplo os BRICS, para acelerar intercâmbios comerciais, investimentos e compartilhamento de experiências. E, com sentido de pragmatismo, daremos atenção aos mecanismos de articulação com a África e com os países árabes.

Décima diretriz:

Nas políticas de comércio exterior, o governo terá sempre presente a advertência que vem da boa análise econômica, apoiada em ampla e sólida consulta com os setores produtivos. Só há um fator que garante esse aumento de forma duradoura: o aumento constante da produtividade e da competitividade. É preciso investir no aumento constante da competitividade e da produtividade. Daí a ênfase que será dada à redução do custo Brasil, mediante a eliminação das distorções tributárias que encareçem as vendas ao exterior e a ampliação e modernização da infraestrutura por meio de parcerias com o setor privado, nacional e internacional. O custo Brasil hoje é da ordem de 25%, ou seja, uma mercadoria brasileira idêntica a uma mercadoria típica média dos países que são nossos parceiros comerciais, custa, por conta da tributação, dos custos financeiros, dos custos de infraestrutura, dos custos tributários, 25% a mais. Imagine-se o desafio que nós temos por diante

DIRETRIZES DA POLÍTICA EXTERNA BRASILEIRA

1-Transmitir de modo transparente e intransigente os valores da sociedade brasileira e da sua economia, e não mais conveniências ideológicas de um partido político e de seus aliados.	6 – Iniciar um processo de negociações comerciais destinado a abrir mercados para nossas exportações e criar empregos.
2 – Defender a democracia, as liberdades e os direitos humanos em qualquer país, em qualquer regime político.	7 – Trabalhar em parceria com a Argentina a fim de renovar o Mercosul e fortalece-lo.
3 – Assumir especial responsabilidade em questões ambientais.	8 – Ampliar o intercâmbio com parceiros tradicionais, como Estados Unidos, Europa e Japão.
4 – Desenvolver ação conjunta em favor de soluções pacíficas para conflitos, na Organização das Nações Unidas e em outros fóruns globais e regionais.	9 -Priorizar a relação com parceiros novos na Ásia, em particular com a China e Índia.
5 – Não restringir a liberdade de iniciativa do Brasil aos esforços multilaterais no âmbito da Organização Mundial do Comércio.	10 – Guiar as políticas de comércio exterior com a advertência que vem da boa análise econômica, apoiada pela consulta aos setores produtivos, e reduzir o "custo Brasil".

Novos Acordos Automotivos:

Com a retração do mercado doméstico, o canal externo tornou-se alternativa importante para a manutenção da produção da indústria automotiva.

Em 2015, o Brasil renegociou acordos com Argentina, México e Uruguai; e novo acordo com Colômbia.

O Brasil e Paraguai estão negociando um acordo automotivo, que deve ser lançado no primeiro trimestre de 2016.

1.3.1 Brasil - Uruguai: Acordo de Livre Comércio para produtos do Setor Automotivo.

O Acordo Automotivo, celebrado, dezembro de 2015, entre Brasil e Uruguai, estabelece livre comércio de bens do setor automotivo – automóveis de passageiros, ônibus, caminhões, máquinas agrícolas, autopeças, chassis e pneus, entre os dois países a partir de 1º de janeiro de 2016.

O Acordo prevê 100% de preferência tarifária para bens do setor automotivo, automóveis de passageiros, ônibus, caminhões, máquinas agrícolas, autopeças, chassis e pneus.

Este é um acordo de livre-comércio que não se restringe a cotas, e tem uma perspectiva, de se ter um comércio totalmente livre, fluido, com regras de origem que contemplam as peculiaridades e o estágio de desenvolvimento dos dois países nesta área.

O Acordo prevê:

Para o lado brasileiro, o livre comércio valerá para produtos que cumprirem Índice de Conteúdo Regional (ICR) igual ou superior a 55%.

Para os produtos uruguaios, o ICR será igual ou superior a 50%.

O índice é calculado por uma fórmula estipulada pelo Mercosul.

Para os produtos que não cumprirem a regra de conteúdo regional, será estipulada uma cota de US$ 650 milhões para o Uruguai e US$ 325 milhões para o Brasil.

O Acordo estabelece ainda um Programa de Integração Produtiva (PIP) para veículos e autopeças que iniciem a produção no país e que precisam de tempo para desenvolvimento de fornecedores.

Há no acordo uma cláusula de salvaguardas para situações de desequilíbrios significativos entre os dois países. Nesses casos, um dos países poderá solicitar suspensão temporária do livre comercio e o Comitê Automotivo Bilateral deverá avaliar a situação e propor medidas corretivas.

Em 2014, foram vendidos 56.548 veículos no Uruguai. Neste mesmo ano, o Brasil exportou 14.229 unidades (entre veículos leves, caminhões e ônibus). Entre janeiro e novembro de 2015, as exportações brasileiras alcançaram 12.512 unidades de veículos leves, caminhões e ônibus.

1.3.2 Acordo Bilateral Automotivo Brasil-Argentina

Em maio de 2015, Brasil e Argentina negociaram acordo automotivo, que foi prorrogado até 30 de junho de 2016, nas mesmas condições anteriores.

Em 2016, o Acordo Bilateral Automotivo não deve ser ampliado. Pelo acordo vigente para cada US$ 1,50 em peças e carros vendidos para Argentina o Brasil precisa comprar somente US$ 1,00. A Argentina quer manter os negócios nos patamares que estão pelo menos até 2017.

A intenção do governo é proteger a indústria argentina que nos dois primeiros meses de 2016 teve queda de mais de 25% na produção de veículos.

Em 2014 foram vendidos 613.848 veículos no mercado argentino, e o Brasil exportou para Argentina 255.493 unidades.

1.3.3 Acordo Automotivo Brasil – México.

Em março de 2015, Brasil e México renegociaram o Acordo Automotivo. Cotas negociadas para automóveis e comerciais para o período de quatro anos:

Período	Valor
De 19/03/2015 a 18/03/2016	US$ 1,560 bilhão
De 19/03/2016 a 18/03/2017	US$ 1,606 bilhão
De 19/03/2017 a 18/03/2018	US$ 1,655 bilhão
De 19/03/2018 a 18/03/2019	US$ 1,704 bilhão

Fonte: MDIC, 2016

Além disso, foram negociados novos requisitos de origem para autopeças e mudanças na administração das cotas de veículos.

Em 2014 foram vendidas 1.135.409 unidades de veículos leves novos no México e cerca de 433 mil veículos usados - a importação de veículos usados é permitida no país. O Brasil exportou 38 mil unidades de usados para México em 2014.

1.3.4 Acordo Automotivo de Cotas Crescentes Brasil - Colômbia

Brasil e Colômbia negociaram acordo para o setor automotivo. Os dois países definiram cotas para preferencias de 100%, por três anos, para veículos de passageiros e de carga até 3,5 toneladas:

✓ De 1º de janeiro a 31 de dezembro de 2016 – 12 mil unidades.

✓ De 1º de janeiro a 31 de dezembro de 2017 – 25 mil unidades.

✓ De 1º de janeiro a 31 de dezembro de 2018 – 50 mil unidades.

Anteriormente às negociações, produtos brasileiros do setor pagavam, em média, 16% de alíquota de importação no mercado colombiano.

O mercado colombiano, em 2014, foi de 326.344 veículos. Desse total, o Brasil respondeu por 10.772 unidades.

O Acordo Automotivo de Cotas Crescentes zera as alíquotas do Imposto de Importação para automóveis de passageiros e comerciais leves de até 3,5 toneladas e prevê a concessão de 100% de preferência para os veículos dos dois países, com cotas anuais crescentes, gerando crescimento e empregos diretos e indiretos no setor automotivo.

O Acordo envolveu a definição de cotas crescentes de exportação. No primeiro ano, a cota de exportações será de 12 mil unidades, no segundo ano, de 25 mil unidades, e a partir do terceiro ano, 50 mil unidades. O prazo de vigência do acordo é de 8 anos, podendo ser prorrogado nos termos definidos para o terceiro ano.

A América Latina é um mercado natural para o Brasil, considerando as vantagens da proximidade geográfica, e vai beneficiar todas as montadoras instaladas no país, que possui a maior indústria automotiva da América Latina.

1.4. ACE 58 - Acordo de Ampliação Econômico Comercial Brasil - Perú

O Acordo de Ampliação Econômico Comercial Brasil - Peru estabelece liberalização de serviços, abertura dos mercados de compras públicas e inclui um capitulo de investimentos nos moldes dos Acordos de Cooperação e Facilitação de Investimentos já foram assinados com outros países da América Latina e da África.

Envolve vários Acordos:

- **Acordo de Livre Comercio Automotivo Brasil – Perú**

    Foi consagrada a antecipação da desgravação no âmbito do ACE 58, estabelecendo livre-comércio imediato de veículos leves e **picapes.** O mercado de veículos leves representa cerca de 160 mil unidades e veículos leves são veículos ate´3.500 kg. Com validade imediata, permite que os dois países possam vender veículos leves e picapes sem pagamento de imposto de importação. As exportações devem saltar de 4mil unidades por ano para 30mil unidades por ano. O acordo dará isonomia de mercado entre empresas brasileiras e empresas do México e da Colômbia, no mercado peruano.

- **Acordo Internacional de Compras Governamentais**

No marco deste acordo amplo, o Brasil firmou o seu primeiro acordo internacional de compras governamentais. A partir disso, as licitações peruanas de bens e serviços passam a estar automaticamente abertas para as empresas brasileiras, bem como as licitações brasileiras estarão abertas para as empresas peruanas. No Peru, a participação de empresas brasileiras em algumas licitações vem sendo prejudicada pela exigência de depósito, em instituição financeira peruana, de montante não inferior a 5% de sua capacidade máxima de contratação. Essa exigência não se aplica a empresas peruanas e empresas de outros países com os quais o Peru tem acordos na área de contratações públicas. Portanto, com a implementação do acordo assinado essa situação passa a ser superada e as empresas brasileiras passam a ter condições equivalentes de acesso.

- **Acordo de Liberalização de Serviços**

Na área de serviços, os compromissos peruanos são equivalentes aos consolidados pelo país no âmbito do Tratado Trasnspacífico (TPP) e da Aliança do Pacífico.
Prestadores de serviços brasileiros passam, portanto, a ter condições de participação em setores de grande interesse, como tecnologia de informação e comunicação, serviços de turismo, de transporte, de engenharia, de arquitetura e de entretenimento.

- **Acordos de Cooperação e Facilitação de Investimentos**

Na área de investimentos, o acordo prevê garantias de não discriminação, garantem o curso de prevenção de controvérsias e mecanismo de arbitragem. Há também a previsão para estabelecimento de agendas de cooperação e facilitação de investimentos em áreas com potencial para o fomento de um ambiente mais dinâmico para os negócios.

Cabe destacar que o Brasil passa a contar com Acordos de Cooperação e Facilitação de Investimentos com todos os países da Aliança do Pacífico (Peru, Chile, Colômbia e México), importantes receptores de investimento brasileiro.

Fonte; MDIC, 2016

1.5 Acordos de Convergência Regulatória,- Harmonização de Normas e Facilitação do Comércio entre Brasil - EUA

Nas negociações para ampliação do comércio com os Estados Unidos, convergência regulatória e harmonização de normas são pontos chave, uma vez que as tarifas para produtos industrializados brasileiros naquele mercado são relativamente baixas. Para muitos setores da economia brasileira, o cumprimento das normas técnicas gera altos custos para o exportador.

O grande entrave para as vendas aos Estados Unidos se encontra na área de convergência regulatória. São custos altos para o cumprimento das exigências regulatórias. Certificar, enviar amostras para testes nos EUA. Isso gera custos elevados. Conseguimos fazer com que a principal certificadora americana decidisse realizar testes laboratoriais no Brasil.

Os dois países, com o apoio do setor privado, têm avançado na cooperação para identificar e eliminar gargalos e propor iniciativas que apoiem as políticas de facilitação do comércio bilateral. A intenção é superar barreiras administrativas e obter a redução de custos e prazos nas transações comerciais, com consequente incremento no fluxo bilateral de comércio.

Os EUA são o segundo principal parceiro comercial do Brasil.

O intercâmbio bilateral total, somando-se bens e serviços, chegou próximo a USD 100 bilhões em 2015. Os EUA são o principal investidor estrangeiro direto (IED) no Brasil, com um estoque acumulado de investimentos da ordem de USD 110 bilhões, segundo dados do Banco Central do Brasil. Ao mesmo tempo os investimentos brasileiros nos EUA tornam-se cada vez mais relevantes, fortalecendo as sinergias entre as duas maiores economias das Américas. O Brasil investiu USD 1,9 bilhão no EUA em 2015, elevando o estoque acumulado de IED brasileiro nos EUA a mais de USD 13 bilhões.

As exportações brasileiras para o mercado americano em 2015 (segundo destino das exportações brasileiras) foram de US$ 24,2 bilhões, majoritariamente formadas por manufaturados, que responderam por 63,7% desse valor.

É grande a importância do mercado norte-americano para as exportações brasileiras, em particular de bens manufaturados.

Bens industriais corresponderam a mais de 60% das exportações brasileiras para os EUA em 2015 – um claro avanço com relação aos 53% observados em 2014. Não obstante a importância de nossas exportações tradicionais de produtos agropecuários para os EUA – com mais exportação de carnes, açúcar e frutas, por exemplo – os três principais produtos de exportação do Brasil para os Estados Unidos são, respectivamente, máquinas, aeronaves e produtos de ferro e aço.

1.5.1 Memorando de Intenções sobre Normas Técnicas e Avaliação da Conformidade,

Memorando de intenções entre o MDIC e a Secretária de Comércio dos EUA, que busca estreitar as relações comerciais por meio da redução da burocracia e dos custos e prazos no cumprimento de exigências técnicas necessárias à atividade exportadora.

1.5.2 Portal de Normas Brasil-EUA

Acordo de adesão ao ANSI - American National Standards Institute, assinado pelo Inmetro e ABNT, uma iniciativa para intercâmbio e compartilhamento de informações técnicas para padronização do comércio bilateral.

O American National Standards Institute (ANSI), a Associação Brasileira de Normas Técnicas (ABNT) e o Inmetro trabalham em conjunto na criação de um portal online sobre normas dos dois países.

Acesse: http://www.standardsportal.org/

1.5.3 Convergência Regulatória Brasil - Estados Unidos para Certificação de produtos eletroeletrônicos dos Setores de Máquinas e Equipamentos, eletroeletrônicos e Luminárias

Acordo para que empresas brasileiras dos setores de máquinas e equipamentos, eletroeletrônicos e luminárias possam certificar seus produtos no Brasil para exportá-los para os Estados Unidos. A Mudança reduz o prazo em 75% (de um ano para três meses) e os gastos com ensaios e testes laboratoriais ficarão 30% mais baratos, em média. O primeiro laboratório autorizado para certificação já está instalado no Brasil e o MDIC busca expandir a rede de laboratórios aptos a realizar os testes.

Além disso, as empresas não terão mais despesas com o envio de amostras para laboratórios norte-americanos.

Juntas, as empresas brasileiras dos três setores exportaram, entre janeiro e outubro de 2015, US$ 3,3 bilhões para os EUA.

Inicialmente, as certificações norte-americanas serão oferecidas pelo laboratório UL – Underwriters Laboratories, que, assinou um memorando de entendimento com o Instituto Nacional de Metrologia, Qualidade e Tecnologia (Inmetro), e que vai garantir um maior intercâmbio de informações entre as instituições e também capacitação técnica.

As empresas desse setor poderão certificar seus produtos no Brasil através do laboratório UL – Underwriters Laboratories.

O Underwriters Laboratories é uma organização fundada em 1894 nos Estados Unidos que faz a certificação de produtos e sua segurança. O símbolo UL encontra-se em muitos produtos, em especial nos da área de Eletrotécnica.

Acesse: http://www.ul.com.br/

1.5.4 Convergência Regulatória Brasil – EUA para Certificação de Produtos Têxteis

A Associação Brasileira da Indústria Têxtil (Abit) e a American Apparel & Footwear Association (AAFA) analisam os respectivos padrões e normas técnicas para avançar na convergência regulatória ou no reconhecimento de mecanismos mútuos – a expectativa é que o acordo seja assinado ainda este ano.

1.5.5 Acordo entre a Associação Nacional dos Fabricantes de Cerâmica para Revestimentos, Louças Sanitárias e Congêneres (Anfacer)

A ANFACER e a Tile Council of North America (TCNA), estabeleceram processos e etapas para se alcançar a convergência regulatória do setor, com foco na harmonização de normas técnicas que removam as barreiras para exportação para o mercado norte-americano.

1.5.6 Programa PPH -Patentes

O Instituto Nacional de Propriedade Industrial (INPI) assinou, em novembro do ano passado, com o Escritório Americano de Patentes e Marcas (USPTO), um projeto piloto de cooperação para exame de patentes, o PPH – Patent Prosecution Highway. É um acordo de cooperação entre escritórios dos dois países que permite uma "via expressa" para análise de concessão de patentes e o compartilhamento de informações sobre o exame realizado pelos escritórios. O programa está previsto para durar 02 anos, ou para aceitar 150 pedidos de patentes em cada escritório. Até o momento, foram feitas sete solicitações americanas ao INPI para ingressar no programa, e um pedido brasileiro de priorização no USPTO.

O PPH poderá beneficiar qualquer pessoa ou empresa que busca proteger seu direito de patente no Brasil e nos Estados Unidos. O pedido que for depositado inicialmente no INPI, e também depositado no USPTO, poderá ser priorizado pelo INPI e, pela via do PPH, ter sua análise igualmente priorizada pelo escritório americano.

1.5.7 Assinaturas Eletrônicas – Certificação Digital

Um dos gargalos identificados no acesso ao mercado norte-americano é a necessidade de assinatura manual de alguns documentos, o que poderia ser solucionado por meio da utilização de assinaturas digitais. Foi detectada a possibilidade de se utilizar o reconhecimento mútuo ou a certificação cruzada em assinaturas eletrônicas para a apresentação de alguns documentos.

A ação está em sintonia com as iniciativas de ambos os governos para modernizar suas administrações aduaneiras, por meio da implementação de guichês únicos de comércio exterior (*single windows*).

No caso brasileiro, o Portal Único de Comércio Exterior já conta com ferramenta de anexação de documentos digitais e contará, quando plenamente implementado, com soluções para processar documentos eletrônicos. Os Estados Unidos têm trabalhado em seu projeto de *single windows*window, que deve ser concluído em 2016.

XXXXXXXXXXXXXXXXXXXXXXXXXXXXXXXXXXXXXXX

1.6 1.5 Negociações em andamento e outros Acordos

1.6.1 5.1. ACE 53 - Acordo de Complementação Econômica Brasil – México: expansão de produtos industriais e agrícolas.

Para ampliar e aprofundar o Acordo de Complementação Econômica N° 53 (ACE-53), Brasil e México intercambiaram, suas listas de pedidos e ofertas em comércio de bens. As listas contemplam os itens industriais e agrícolas.

Uma expansão das preferências tarifárias no acesso mútuo aos mercados dos dois países permitirá que o fluxo comercial bilateral seja incrementado. A troca de listas em matéria de comércio de bens e contempla um amplo conjunto de temas, incluindo serviços, comércio eletrônico, compras governamentais, facilitação de comércio, medidas sanitárias e fitossanitárias, barreiras técnicas ao comércio, propriedade intelectual, coerência regulatória, entre outros.

Em 2015, o Brasil Iniciou negociação para ampliar a cobertura do Acordo de Cooperação Econômica-53, cuja expansão pode alcançar quatro ou cinco vezes o universo de produtos industriais e agrícolas, atualmente limitado a 800 linhas tarifárias.

Uma expansão das preferências tarifárias no acesso mútuo aos mercados dos dois países permitirá que o fluxo comercial bilateral seja incrementado. A troca de listas em matéria de comércio de bens e contempla um amplo conjunto de temas, incluindo serviços, comércio eletrônico, compras governamentais, facilitação de comércio, medidas sanitárias e fitossanitárias, barreiras técnicas ao comércio, propriedade intelectual, coerência regulatória, entre outros.

1.6.2 Mercosul - SACU

O Acordo de Preferências Tarifárias entre o Mercosul e a SACU (bloco que reúne a África do Sul, Botswana, Lesoto, Namíbia e Suazilândia) já foi aprovado e internalizado pelo Congresso Nacional. Em 2016 o Brasil buscará a ampliação do acordo entre os blocos.

Há negociações com África do Sul, Argélia, Marrocos, Nigéria e Tunísia. Pretende-se aprofundar o acordo de preferências do Mercosul com SACU (África do Sul, Botswana, Lesoto, Namíbia e Suazilândia

O acordo vai garantir ao Brasil maior competitividade em diversos setores, tais como automotivo, têxtil, siderúrgico, químico e de bens de capital, na qual hoje a exportação brasileira já é composta, em sua grande maioria, por bens industrializados destes segmentos .

- **Principais Produtos Exportados pelo Brasil para SACU**

NCM	DESCRIÇÃO DA NCM	US$ FOB 2016
10059010	Milho em Grao, exceto para Semeadura	35.011.652
87043190	Outros Veiculos Automoveis c/Motor Explosao,Carga<=5t	24.086.191
02071400	Pedaços e Miudezas, Comest. de galos, galinhas, congelados	22.148.120
28182010	Alumina Calcinada	21.099.117
86031000	Litorinas (Automotoras), de Fonte Ext. de Eletricidade	20.098.303

Fonte : MDIC, 2016

- **Principais Produtos Importados pelo Brasil da SACU**

NCM	DESCRIÇÃO DA NCM	US$ FOB 2016
27011100	Hulha Antracita não Aglomerada	13.454.307
76061210	Chapas de Ligas Aluminio,0.2<E<=0.3mm,L>=1468mm,Envern.	3.908.585
87032310	Automóveis C/Motor Explosao,1500<Cm3<=3000, Ate 6 Passag	3.829.457
26020090	Outros Minerios de Manganes	3.715.990
7202190	Outras Ligas de Ferromanganes	3.344.780

Fonte : MDIC, 2016

1.6.3 Mercosul - EFTA

Em 2015 o Mercosul iniciou um processo de aprofundamento das relações com a European Free Trade Association (EFTA), área de livre comércio formada pela Suíça Noruega, Islândia e Liechtenstein.

1.6.4 Acordo Automotivo Brasil – Paraguai

O Brasil e Paraguai estão negociando um acordo automotivo, que deve ser lançado no primeiro trimestre de 2016.

1.6.5 ACE 59- Brasil - Colômbia

Além do Acordo Automotivo, o primeiro Acordo de Cooperação e Facilitação de Investimentos (ACFI) na América do Sul. Equipes técnicas negociam o descongelamento de desgravação do ACE-59, além de acordos nos setores de serviços e de compras governamentais.

Deve recomeçar a negociação com o Canadá, que já havia passado a fase de diálogo exploratório. A Ampliação do acordo com o México,com os dois lados empenhados, já tendo havido a troca de listas.

Com o Japão, que é muito cauteloso, a conversa é muito lenta. A Coreia do Sul recentemente se mostrou aberta a discutir temas aos quais antes era refratária, como agricultura.

1.6.6 Mercosul - União Europeia

A partir de maio acontecerá a troca de ofertas para um acordo comercial entre Mercosul e União Europeia. Trata – se de um passo fundamental para construir, no futuro, um acordo de livre comércio entre os blocos econômicos. A oferta de cada bloco trará uma lista de produtos e serviços que cada parte está disposta a desonerar. As negociações entre os dois blocos para o acordo já duram 16 anos.

O esforço do último ano de 2015 foi no sentido, sobretudo para harmonização e construção da oferta do Mercosul. Foi construída uma oferta com um alcance que vai facilitar o acolhimento pela União Europeia.

1.7 Acordos Extrarregionais do MERCOSUL

- **Acordo de Livre Comércio Mercosul –Israel.**
- **Acordo de Preferências Tarifárias Mercosul –Índia.**
- **Acordo de Livre Comércio Mercosul –Palestina, em processo de ratificação pelo Congresso** Nacional.

- **Acordo de Livre Comércio Mercosul – Egito**

A população egípcia é estimada em 85 milhões de habitantes, e está quase toda (98%) concentrada no vale e no delta do Rio Nilo), que representa 30% do total do território daquele país, havendo, entretanto, um importante núcleo populacional na cidade de Suez, situada junto ao Canal de Suez. É o segundo país mais populoso de África

Nos últimos anos, o Egito tornou-se importante parceiro comercial do Brasil. No ano passado, aquele país foi também o décimo maior destino das exportações agropecuárias brasileiras, em termos de volume exportado. Dos US$ 2,3 bilhões exportados do Brasil para o Egito em 2014, US$ 1,8 bilhão pertenceu aos produtos do agronegócio.

Com a assinatura do ALC, espera-se intensificação ainda maior na relação comercial entre os dois países. Devido às dificuldades relacionadas ao clima, o Egito é um grande importador de produtos agropecuários.

Os principais produtos agrícolas importados pelos egípcios são: milho, soja, óleo de palma, açúcar bruto, carne bovina desossada, óleo de soja, óleo de girassol, favas e feijão cavalo (secos), produtos do tabaco, miudezas de bovinos comestíveis, leite desnatado seco, algodão em pluma e alimentos preparados. Com base na pauta de importações agrícolas do Egito, existe convicção sobre o elevado potencial do comércio bilateral entre o Brasil e o Egito. Segundo a Organização das Nações Unidas para Alimentação e Agricultura (FAO), o Brasil já é o terceiro principal exportador de bens agrícolas para o Egito.

O Egito possui um PIB de US$ 280 bilhões, e espera-se um crescimento econômico médio de 3,8% nos próximos dois anos.

O cronograma de desgravação tarifária é composto pelas cestas: A (desgravação imediata), B (quatro anos), C (oito anos), D (dez anos) e E (cronograma de desgravação a ser oportunamente definido pelo Comitê Conjunto).

A maior parte das exportações do Mercosul para o Egito entrará imediatamente no país árabe livre de alíquotas de importação,

Abrem-se novas oportunidades em produtos que agora não vendemos (ao Egito), tais como veículos, autopeças, medicamentos, produtos de papel, frango e frutas, entre outros.

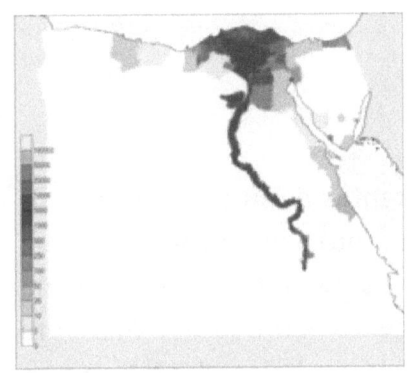

FONTE: AGROSTAT MAPA E MRE, 2016

- **Acordo de Preferências Tarifárias Mercosul – SACU**

O Acordo de Preferências Comerciais entre o Mercosul e a União Aduaneira da África Austral (SACU) entrou em vigor no dia 1º de abril de 2016. Assinado, em 15 de dezembro de 2008, pelos países-membros do Mercosul e, em 3 de abril de 2009, pelos Membros da SACU (África do Sul, Botsuana, Lesoto, Namíbia e Suazilândia), o Acordo Mercosul-SACU prevê margens de preferência de 10%, 25%, 50% e 100% para 1.050 linhas tarifárias de cada lado.

Entre os setores produtivos do Mercosul que se beneficiarão das preferências comerciais no âmbito do Acordo encontram-se: químico, têxtil, siderúrgico, plástico, automotivo, eletroeletrônico e de bens de capital, além de produtos agrícolas.

As exportações brasileiras para o bloco sul africano somaram US$ 1,36 bilhão em 2015, com saldo comercial positivo para o Brasil de cerca de US$ 720 milhões. O impacto benéfico do Acordo poderá ser sentido principalmente no setor industrial, uma vez que dois terços das exportações brasileiras para a SACU (US$ 908 milhões em 2015) são formados por produtos manufaturados.

A entrada em vigor do ACP contribuirá para a promoção do intercâmbio comercial no Atlântico Sul. Os países do Mercosul passarão a ter acesso facilitado a um mercado de potencial econômico significativo, constituído por cerca de 65 milhões de consumidores.

A África do Sul responde por cerca de 91% do PIB e 87% da população da SACU.

- **Botswana:**

Com população de 2,1 milhões de habitantes é um dos países mais escassamente povoados no mundo. Após sua independência, Botswana transformou-se numa das economias de mais rápido crescimento no continente, com um PIB per capita de cerca de 16.400 US$ em 2013, um alto rendimento nacional bruto, o quarto maior da África, dando ao país um padrão de vida modesto.

- **Lesoto:**

O país conta com uma população de 1,8 milhão de habitantes, resultando em uma densidade demográfica de 59,13 habitantes por quilômetro quadrado. A sua localização geográfica faz o país ter maiores laços econômicos e políticos com a África do Sul.

Lesoto também é membro ativo da ONU e Commonwealth (países com laços britânicos) tendo também relações internacionais significativas com os EUA, Reino Unido, Alemanha e China.

- **Namíbia:**

População de 2,5 milhões. A base da economia da Namíbia está na extração e processamento de minerais. A mineração compreende 20% do PIB do país e faz da Namíbia o quarto maior exportador de minerais não-combustíveis da África e o quinto maior produtor de urânio do mundo. Aproximadamente metade da população depende da agricultura para viver, dos quais a maior parte pratica a chamada agricultura de subsistência. Embora o PIB per capita da Namíbia, cerca de 4500 USD (2005), seja cinco vezes maior do que a média dos países mais pobres da África, possuindo a pior distribuição de renda do mundo.

- **Suazilândia:**

População de 1,250 milhões, montanhoso e sem saída para mar. Tem reservas de carvão mineral e exporta cana de açúcar.

FONTE: MRE, 2016.

2. - PNE: Plano Nacional de Exportação

As projeções para crescimento do Comércio Mundial, de acordo com o Fundo Monetário Internacional, apontam para um crescimento médio de 4,8% no período de 2015 a 2020. Isso é quase 30% a mais do que se espera em termos de crescimento do PIB mundial. Neste contexto, é evidente a importância de se lançar uma iniciativa como o Plano Nacional de Exportação. O Brasil tem muito espaço para crescer e o mercado internacional oferece grandes oportunidades.

Há um PIB equivalente a 32 "Brasis" além das nossas fronteiras.

- **Cenário que se apresenta**:

    - ✓ O fim do ciclo das commodities: A conjuntura do Comércio Exterior brasileiro, vive hoje um quadro de preços de commodities estabilizados em patamares inferiores e um movimento de desvalorização cambial, o fim do ciclo recente das commodities e que leva a uma necessária reorientação da estratégia comercial brasileira.

    - ✓ O comércio exterior é um importante vetor de crescimento e um canal de incentivo para inovação e aumento da produtividade.

    - ✓ Além disso, a inserção das empresas brasileiras no mercado internacional modifica o perfil da mão de obra, já que as empresas exportadoras tendem a qualificar mais seus trabalhadores e melhor remunerá-los. Para cada US$ 1 bilhão exportados, são mobilizados aproximadamente 50 mil trabalhadores.

    - ✓ São medidas para ampliação das exportações do agronegócio e para a recuperação das exportações de produtos manufaturados e diversificação da pauta, com foco nos produtos de maior densidade tecnológica.

    - ✓ As exportações brasileiras não correspondem ao tamanho da economia brasileira, o país é a nona economia do mundo, e apenas o 25º país em termos de exportações de bens. Temos uma participação de apenas 1,2% no volume total do Comércio Mundial. As projeções para crescimento do comércio mundial, apontam para um crescimento médio de 4,8% no período de 2015 a 2020.

2.1 - Pilares do PNE

As exportações são o caminho para a retomada do crescimento econômico. A retomada do crescimento econômico não pode prescindir do canal externo. As exportações ao lado dos investimentos e do aumento da produtividade são os três canais de retomada do crescimento econômico.

O Plano Nacional de Exportação dispõe de quatro pilares básicos:
- ✓ Acesso a Mercados
- ✓ Promoção Comercial
- ✓ Facilitação de Comércio
- ✓ Financiamento e Garantias às Exportações
- ✓ Aperfeiçoamento de Mecanismos e Regimes Tributários para o apoio às exportações

2.1.1 Acesso a Mercados e Mercados Prioritários

O PNE através do pilar acesso a mercados busca ampliar o acesso brasileiro aos mercados em todo o mundo por meio de Negociações Comerciais, atuando simultaneamente, nas frentes bilateral, regional e multilateral. Essas vias não são excludentes. Na verdade, podem e devem ser complementares.

Ampliação de mercados, remoção de barreiras e maior integração à rede de acordos comerciais atuação nas frentes, bilateral, regional e multilateral, de negociações sobre temas tarifários e não tarifários e construção de uma ampla rede de acordos com países.

Envolve:

- Negociações no âmbito da Organização Mundial do Comércio (OMC),
- Negociações no âmbito do Mercosul,
- Fortalecimento das relações comerciais com parceiros prioritários: União Europeia, Estados Unidos, China, Rússia, Índia, África do Sul, países da América Latina, e outros países.

2.1.2 - Promoção Comercial

Para a construção do pilar de promoção comercial, foram utilizados instrumentos de inteligência comercial que identificaram mercados com demanda e oferta de produtos, resultando na criação de - Mapa Estratégico de Mercados e Oportunidades Comerciais para as Exportações Brasileiras um mapa com 32 mercados prioritários para os produtos brasileiros.

Esse mapa é utilizado como norte para todas as ações reunidas no Calendário Único de Missões Comerciais coordenadas pelos diversos órgãos que operam no comércio exterior (MDIC, MRE, MAPA e Apex) tendo como objetivo: abertura, consolidação, manutenção e recuperação de mercados tradicionais e emergentes.

❖ **Acesse:**
www.desenvolvimento.gov.br/arquivos/dwnl_1435244583.pdf

- **Calendário Brasileiro de Exposições e Feiras**

O Calendário Brasileiro de Exposições e Feiras: ferramenta *on line* para empresas, pois relaciona eventos que podem se traduzir em novas oportunidades de negócios.

As feiras propiciam o conhecimento de novas tecnologias, traçar estratégias comerciais, elevam a competitividade no mercado globalizado, além de promover o turismo de negócios.

Acesse: www.expofeiras.gov.br/

2.1.2   Facilitação do Comércio

Em 2013 os Ministros dos países reunidos em Bali concluíram as negociações do Acordo de Facilitação de Comércio. A Decisão Ministerial de Bali e o Acordo de Facilitação de Comércio obrigam aos Estados Membros da OMC a tomar medidas para facilitar o comércio. A Facilitação de Comércio consiste na simplificação e desburocratização das atividades e procedimentos relacionados ao Comércio Exterior.

O Brasil assinou o instrumento de ratificação do Acordo de Facilitação do Comércio da Organização Mundial do Comércio (OMC). O acordo vai diminuir o custo das transações comerciais com outros países em torno de 14,5%, além de tornar as exportações brasileiras mais competitivas.

O instrumento é uma sinalização para o mundo de que o Brasil quer se modernizar, quer se inserir mais no comércio internacional e na economia mundial. O Brasil se tornou o 72º membro da OMC a ratificar o Acordo de Facilitação do Comércio. O objetivo é reduzir barreiras e custos de transação relativos ao comércio, contribuir para melhorar a competitividade do país, atrair investimentos produtivos e gerar novos e melhores empregos.

- Os objetivos são:
    - ✓ simplificar e facilitar as operações de comércio exterior sem prejuízo da segurança e dos controles necessários;
    - ✓ modernizar e racionalizar normas e procedimentos administrativos, de modo a reduzir os custos operacionais, para o Estado e para os agentes privados;
    - ✓ criar oportunidades para a ampliação do comércio e facilitar o acesso ao mercado externo para a empresa brasileira, em especial para as pequenas e médias empresas;
    - ✓ melhorar a coordenação das atividades dos diferentes órgãos do governo federal que atuam no comércio exterior;
    - ✓ contribuir para a redução da fraude e da evasão fiscal; e
    - ✓ - ampliar o diálogo e a cooperação público-privado.

O papel da CAMEX é coordenar esforços, para rever procedimentos e modernizar a legislação, de procedimentos para exportações, importações e trânsito aduaneiro.

- **As principais medidas para a Facilitação do Comercio são:**

    - ✓ Portal Único de Comércio Exterior
    - ✓ A eliminação do papel nas operações de Comércio Exterior
    - ✓ Consolidação das Normas de Comércio Exterior
    - ✓ Operador Econômico Autorizado.
    - ✓ Portal Único de Comércio Exterior

2.3.1 Portal Único de Comercio Exterior

Consiste na implantação de uma janela única de Comércio Exterior.

Executa a reformulação dos processos de importação, exportação e trânsito aduaneiro buscando processos mais eficientes, harmonizados e integrados entre todos os intervenientes públicos e privados.

- Consiste em desburocratizar, simplificar, racionalizar e aperfeiçoar os processos administrativos e aduaneiros de exportação e importação, visando redução de prazos e custos.

- Diminuirá o tempo gasto:

    - ✓ Operações de exportação: de 13 para 8 dias,
    - ✓ Operações de importação, de 17 para 10 dias.

- **Acesse:** https://www.youtube.com/watch?v=8NtB3JXP_0g

http://portal.siscomex.gov.br/consulta-publica-setor- privado

2.3.2 A eliminação do papel nas operações de Comércio Exterior: anexação eletrônica

A eliminação do papel nas operações de comércio exterior é uma das metas previstas no Plano Nacional de Exportações. A implantação do módulo de Anexação Eletrônica implicou no redesenho e aperfeiçoamento de processos de trabalho, com ganho significativo de tempo e otimização de recursos.

Com a adesão de todos os órgãos envolvidos no comércio exterior à ferramenta de Anexação Eletrônica disponibilizada pelo Portal Único de Comércio Exterior. Mais de 90 toneladas de documentos são eliminadas anualmente nas operações de exportação e importação

Com a adesão de todos os órgãos anuentes, incluindo Anvisa, Mapa e Ibama, 95% dos processos de autorização para exportação, e 97% para importação podem ser apresentados exclusivamente por meio eletrônico, reduzindo custos e prazos nas operações de comércio exterior. Cerca de 19 mil documentos são apresentados diariamente por meio eletrônico.

O Portal Único é um projeto que garantirá melhor qualidade no ambiente de negócios do País e na competitividade das empresas no comércio exterior. Com o comprometimento dos órgãos na modelagem dos processos de Exportação e Importação em andamento, como o agendamento conjunto de inspeções de carga pelos órgãos e a cobrança unificada de tributos e taxas administrativas incidentes nas operações.

A recepção de documentos passa ocorrer de forma eletrônica, eliminando o uso de documentos em papel nos controles administrativo e aduaneiro das operações de comércio exterior. O Portal Único de Comércio Exterior unifica todos os sistemas dos órgãos envolvidos nos processos de exportação e importação no país.

Em 2017, o Portal Único permitirá que as empresas tenham apenas uma interface com todos os órgãos intervenientes, o que irá reduzir a burocracia e os custos de exportadores e importadores.

Foi finalizada a construção do novo fluxo de exportação, feita com participação direta do setor privado. O novo fluxo entrará em operação até o final de 2016, e tem por meta reduzir em 40% os prazos médios das operações de exportação, passando de 13 para oito dias. O Portal Único será entregue completamente ao final de 2017, quando entrará em operação o novo fluxo de importação, que reduzirá o prazo de 17 para dez dias.

Outro objetivo do Portal, além da desburocratização dos processos, é ampliar a transparência, ao permitir que as empresas acompanhem pela internet o andamento de suas operações.

2.1.3.4 - Operador Econômico Autorizado

Programa de certificação dos intervenientes da cadeia logística que apresentam baixo grau de risco em suas operações, em termos de segurança física da carga e de cumprimento de suas obrigações aduaneiras.

Consiste em dar tratamento diferenciado para os operadores de baixo risco.

O OEA certifica todos os elos da cadeia logística. A Certificação é um selo de qualidade e valor. É um programa de adesão voluntária.

- **Como Nasceu o OEA:**

Nasceu em 1990, criado por Lars Karlsson, na Aduana da Suécia. Ele é o idealizador mundial dos Programas de Operador Econômico Autorizado (OEA), que consiste em conceder tratamento diferenciado para os operadores de baixo risco.

Com o Ataque as Torres Gêmeas em 2001, em 2003, dois anos depois os Estados Unidos criaram a C-TPAT. Parceria entre as aduanas e o mercado. A parceria é para garantir a segurança física da carga sem parar todas as cargas, somente reter os desconhecidos. Há necessidade de parceria com o setor privado.

2005: OMA cria a Norma SAFE, que é uma diretriz para desenvolver programas específicos para as realidades dos países.

2009: Brasil criou o Programa OEA.

2013: Os Ministros dos países reunidos em Bali concluíram as negociações em torno do Acordo de Facilitação de Comércio. A Decisão

Ministerial de Bali e o Acordo de Facilitação de Comércio obrigam os Estados Membros a tomar determinadas medidas. A facilitação do comercio determinou que um dos pilares da facilitação do comercio seria a implementação do OEA - portal Único.

2014: desenvolvimento do programa brasileiro OEA - Segurança em operação desde março deste ano.

- **OEA e Facilitação do Comércio:**

Sem abrir mão da segurança física da carga e tendo foco nas empresas aumenta a agilidade das fronteiras, portos, aeroportos Em vez de parar a carga na zona primaria transportá-la para desembaraço na zona secundaria.

Atualmente existem 73 programas implantados no mundo e 29 programas em desenvolvimento.

- **Objetivo dos países:** assinar os Acordos de Reconhecimento Mútuo (ARM) entre os países. Atualmente, existem 33 - acordos ARM assinados entre os diversos países além de 20 acordos ARM, em negociação.

- **OEA no Mundo:** Total de empresas certificadas no mundo em 2015
- Estados Unidos: 11.342
- Canadá: 1.835
- Europa: 15.275
- Japão: 536
- Coreia do Sul: 292

Fonte: RFB, 2016

- ✓ A OEA certifica todos os elos da cadeia logística.
- ✓ Certificação é um selo de qualidade e valor.
- ✓ É um programa de adesão voluntária.

- **Programa Brasileiro de OEA:**

Quem pode certificar?
- Importadores e Exportadores brasileiros
- Depositários de Mercadoria sob Controle Aduaneiro
- Operadores Portuários e Aeroportuários
- Transportadores
- Despachantes Aduaneiros
- Agentes de Carga

- **Fluxo Logístico da Certificação:**

1ª fase: certificação das empresas

2ª fase: ARM- Acordos de Reconhecimento Mútuo

- **Vantagens dos ARM:**
  - ✓ - Comprometimento reciproco de oferta de benefícios
  - ✓ -Tratamento prioritário das cargas e redução de custo associadas a armazenagem e logística. (TA)
  - ✓ - Reconhecimento da certificação
  - ✓ -Previsibilidade do transporte e melhoria da competitividade das empresas OEA no comercio exterior

- **Programa brasileiro OEA: motivos para implementação:**
  - ✓ - Acordos de reconhecimento mutuo - ARM
  - ✓ - Facilitar comercio internacional
  - ✓ - Reconhecimento global (Compliance)
  - ✓ - Imagem da empresa
  - ✓ - Atração de investimento
  - ✓ - Proteger a sociedade

- ✓ - Aumentar segurança nas operações internacionais
- ✓ - Fazer mais comercio entre os países
- ✓ - Fazer mais com menos
- ✓ - Implementar Acordo de Bali da OMC

- **Compliance**

Compliance significa agir de acordo com uma regra, instrução interna, comando ou um pedido. Estar em "compliance" é estar em conformidade com leis e regulamentos externos e internos. Portanto, para manter a empresa em conformidade significa atender as normas dos órgãos reguladores, de acordo com as atividades desenvolvidas pela empresa, bem como regulamentos internos, inerentes ao seu controle interno.

No âmbito corporativo, Compliance é o conjunto de disciplinas para fazer cumprir as normas legais e regulamentares, as políticas e as diretrizes estabelecidas para o negócio e para as atividades da instituição ou empresa, bem como evitar, detectar e tratar qualquer desvio ou inconformidade.

Surgiu nos Estados Unidos na virada do século 20 para o século 21. Em 1906, ganha força a fiscalização nas empresas que passam a ter crescente cuidado com seus procedimentos e registros. As práticas de fiscalização e boa conduta se multiplicam até que no ano de 1980 emerge a governança corporativa. Assim a ética foi pouco a pouco transformada em lei na América e na Europa. As grandes empresas passaram a responder a sociedade. Foi um grande salto uma grande evolução.

Quando surgiu a atividade de compliance, nas instituições financeiras, a maioria das empresas direcionou a atividade para ser desempenhada pela assessoria jurídica, considerando a expertise da Área nas interpretações dos instrumentos legais.

- **Etapas do Programa OEA:**

- OEA-SEGURANÇA (S) – certificação com base na segurança física da carga- uso na exportação - março 2014
- OEA CONFORMIDADE (C) - empresas cumpridoras das obrigações tributárias e aduana e OEA PLENO: revisão da linha azul – importação - 2016
- OEA INTEGRADO: Anvisa e Vigiagro – Exportação/ Importação - 2017

- **Benefícios da Certificação de Empresas:**

  - Diminuição da burocracia: Uso das vantagens e benefícios dos Acordos de Reconhecimento Mútuo (ARM);
  - Diminuição da burocracia: Canal direto de comunicação com a RFB para esclarecimento de dúvidas e solução de problemas relacionados ao Programa OEA; (2 contatos de cada lado)
  - Simplificação: Reduzido percentual de cargas selecionadas para canais de conferência na exportação e, quando selecionadas, processamento prioritário;
  - Simplificação: Parametrização imediata após o registro da declaração de exportação, sem necessidade de aguardar a formação de lotes;
  - - Agilidade e redução de custos: Dispensa das exigências na habilitação ou nos regimes aduaneiros especiais, quando estas já tiverem sido cumpridas no procedimento de certificação do OEA;
  - Agilidade e redução de custos: Prioridade de análise dos pleitos para o OEA-Conformidade; (2ª fase do programa);
  - Agilidade e redução de custos: dispensa de garantias monetária para a carga no transito aduaneiro pelas empresas;
  - Reconhecimento: Utilização da logomarca do Programa e publicidade da certificação no sítio da RFB;
  - Participação na formulação de alteração de legislação e procedimentos aduaneiros para o aperfeiçoamento do Programa (Fórum Consultivo).

- **Benefícios OEA – Conformidade:**

A modalidade OEA-Conformidade é a segunda fase do Programa Brasileiro de OEA.

O OEA-Conformidade não é apenas uma revisão do Linha Azul. Ele consiste em um programa novo, mais acessível às empresas e trará novos benefícios e critérios de certificação.

Ele define dois níveis de certificação com patamares distintos de benefícios e critérios de certificação. (NIVEL 1 e NIVEL 2)

- **Benefícios do OEA-Conformidade - Nível 1:**

   - ✓ Uso de vantagens e benefícios de futuros Acordos de Reconhecimento Mútuo com outros países:
   - ✓ Ponto de contato exclusivo na Receita Federal para esclarecimento de dúvidas e solução de problemas relacionados ao OEA-Conformidade;
   - ✓ Utilização da Marca "AEO", reconhecimento pela RFB como operador seguro e confiável e publicidade no sítio da Receita Federal;
   - ✓ Dispensa de apresentação de garantia na Admissão Temporária e no Trânsito Aduaneiro;
   - ✓ - Participação na alteração de legislação e procedimentos aduaneiros para aperfeiçoamento do Programa OEA, por meio do Fórum Consultivo;
   - ✓ Realização de seminários e treinamentos conjuntos com a Receita Federal.
   - ✓ - Prioridade de análise dos pleitos para o OEA-Conformidade, nível 2;
   - ✓ Simplificação no trânsito aduaneiro, com possibilidade de trânsito automático;
   - ✓ Prioridade na solução de Consulta de Classificação de Mercadorias, com prazo máximo determinado;
   - ✓ Prioridade na solução de Consulta de Valor e Origem.

- **Benefícios do OEA-Conformidade - Nível 2:**

- As empresas certificadas como OEA-Conformidade Nível 2 terão como benefícios aqueles destinados ao Nível 1, somados aos benefícios exclusivos do Nível 2:

✓ Declaração periódica de tributos, com pagamento diferido;
✓ Redução no percentual de cargas selecionadas para canais de conferência na importação e, quando selecionadas, ter processamento prioritário;

- Parametrização imediata após o registro da declaração de importação, sem a necessidade de aguardar a formação de lotes;

- Redução do prazo de entrega das cargas, quando for utilizado depositário certificado como OEA-Segurança;

- Despacho antecipado com canal verde (despacho sobre águas);

- Prioridade de atendimento nos pontos de entrada (fronteiras) como filas duplas, armazenamento prioritário e conclusão prioritária de trânsito;

- Canal verde na Admissão temporária e na Exportação Temporária.

- Segundo experiências internacionais, estes benefícios preveem redução mínima de 20% nos custos operacionais

- **Benefícios na transição do Linha Azul para OEA-Conformidade:**

- As empresas certificadas como Linha Azul serão convidadas e terão prioridade para se tornarem OEA-Conformidade. - Caso as empresas aceitem o convite, manterão os benefícios do Linha Azul e a eles serão adicionados os benefícios do OEA-Conformidade - Nível 1.

- Na data prevista para apresentação do novo relatório de auditoria de seus controles internos, conforme previsto no inciso IV, do parágrafo 1º do artigo 11 da Instrução Normativa SRF nº 476/2004, este relatório deverá ser feito com base nos novos critérios e requisitos exigidos pelo Programa OEA, modalidade OEA-C. Para as empresas, cuja data de apresentação do novo relatório de auditoria seja em 2016, o prazo ficará prorrogado para dezembro de 2016.

- O Linha Azul, será descontinuado, o Programa OEA-Conformidade será voluntário.

Importante:

Os processos pendentes de análise do Linha Azul, quando do lançamento do OEA-Conformidade, previsto para 11 de dezembro de 2015, serão analisados à luz da nova legislação vigente para o Programa OEA-Conformidade.

2.1.4. Financiamentos à Exportação

✓ O Plano Nacional de Exportação tem como objetivo o apoio ao financiamento à exportação.

As principais medidas de apoio ás exportações são:

- PROEX - Equalização: aumento de 30% na dotação orçamentária.
- PROEX - Financiamento: atendimento das demandas apresentadas.
- BNDES EXIM Pré-embarque: ampliado o número de empresas elegíveis e o limite de financiamento.
- BNDES EXIM Pós-embarque: ampliar os recursos de US$ 2 bilhões para US$ 2,9 bilhões e ampliar a oferta dos mecanismos privados de crédito, em especial os Adiantamentos sobre Contratos de Câmbio (ACC) e os Adiantamentos sobre Cambiais Entregues (ACE).

2.1.5 Garantias à Exportação:

- **Seguro de Crédito às Exportações (SCE)**
- **Fundo de Garantia às Exportações (FGE)**

2.1.5.1 SCE - Seguro de Crédito à Exportação

✓ O seguro é mecanismo oficial de apoio ao comércio exterior brasileiro e permite aumentar a segurança contra riscos comerciais, políticos e extraordinários que possam afetar as operações de exportação de bens e serviços.

Os riscos comerciais ocorrem em função de eventual falta de pagamento do devedor. Já os riscos políticos e extraordinários estão ligados a decisões governamentais fatos alheios a previsão dos contratantes - de origem política, econômica, financeira ou decorrentes de fenômenos naturais - que possam impactar no cumprimento de um contrato de exportação.

A cobertura de riscos comerciais está disponível para operações com prazos superiores a dois anos e para exportações realizadas por Micro, Pequenas e Médias Empresas

Garante as operações de crédito à exportação de bens e serviços contra os riscos comerciais, políticos e extraordinários.

Objetivo do PNE: Aumentar o número de Micro, Pequenas e Médias Empresas beneficiárias e ampliar o limite de valor de exportação anual de US$ 1 milhão para US$ 3 milhões.

Base legal:

Lei nº 6.704/1979, estabelece que o Ministério da Fazenda garante a cobertura dos riscos assumidos pelo SCE, e contrata a Agência Brasileira Gestora de Fundos Garantidores e Garantias S.A. - ABGF para execução dos serviços.

De acordo com a Portaria MF nº 490/2013, compete à Secretaria de Assuntos Internacionais - SAIN, autorizar a garantia de cobertura do Seguro de Crédito à Exportação, ao amparo do Fundo de Garantia à Exportação - FGE.

Foi aprovada, pela Câmara de Comércio Exterior (Camex), a extensão da cobertura de risco político e extraordinário do Seguro de Crédito à Exportação (SCE) para operações de exportação com prazos inferiores a dois anos. Em 2014, a concessão do seguro contra risco político e extraordinário foi aprovada apenas aos países da África, considerando a necessidade de promoção de exportações para este continente africano. Em 2015, esse benefício foi estendido a todos os países. A medida está em linha com a premissa estabelecida no Plano

Nacional de Exportações de aprimorar e ampliar as coberturas ofertadas pelo sistema de garantia à exportação.

Os pleitos de cobertura do SCE devem ser apresentados à Agência Brasileira Gestora de Fundos Garantidores e Garantias S.A. (ABGF). A competência para autorizar a garantia de cobertura do SCE, ao amparo do Fundo de Garantia à Exportação (FGE), é da Secretaria de Assuntos Internacionais do Ministério da Fazenda.

2.1.5.2 Fundo de Garantia às Exportações (FGE)

- ✓ O FGE, vinculado ao Ministério da Fazenda, tem como finalidade dar cobertura às garantias prestadas pela União nas operações de Seguro de Crédito à Exportação (SCE).

Objetivo do PNE:

- ✓ Ampliar a capacidade do FGE em US$ 15 bilhões. Estimulando a concessão de financiamentos privados com cobertura pública, principalmente para as pequenas e médias empresas.

- ✓ - As coberturas ofertadas pelo SCE/FGE sejam adequadas às necessidades das exportações brasileiras, aumente o interesse dos bancos comerciais e que traga maior celeridade para pagamentos de indenização.

- ✓ **Base legal**: O Fundo de Garantia à Exportação - FGE criado pela Medida Provisória nº 1.583-1, de 25/09 1997, convertida na Lei nº 9.818, de 23/08/1999.

2.1.5.3 Sistema de Garantia às Exportações: resumo

- ✓ **SCE**: torná-lo mais simples e atrativo a financiamentos privados, reduzindo documentos e prazos.
- ✓ **SCE**: Aumentar o número de micro e médias empresas beneficiárias do SCE e ampliação do limite de exportação de USD 1 milhão para USD 3 milhões por ano
- ✓ **FGE**: Ampliar em 15 bilhões o limite para aprovação de novas operações
- ✓ **SCE/FGE**: Ampliar os setores elegíveis do SCE/FGE para a cobertura de garantias de obrigações contratuais prestadas por bancos em operações de exportação de bens e serviços.

2.1.6. Aperfeiçoar Regimes de Apoio ás Exportações

2.6.1 Novo Regime de Drawback:

- Simplificar, modernizar e intensificar a utilização do Regime de Drawback, mecanismos de agregação de valor e apoio às exportações, buscando-se:

    - ✓ . equalizar o tratamento tributário incidente sobre insumos importados e adquiridos no mercado doméstico ao amparo do incentivo;

    - ✓ ampliar o acesso de fornecedores das empresas exportadoras ao Drawback isenção

    - ✓ aprovação de um único Ato Concessório para empresas com habitualidade e cadastro positivo no comércio exterior para empresas com exportações anuais entre 3 e 5 milhões.

    - ✓ Integração das bases de dados da Nota fiscal eletrônica (NF-e/SPED) e da certidão negativa 9 CND), para agilizar a concessão e comprovação do regime de drawback

2.6.2 Regime Aduaneiro de Entreposto Industrial sob Controle Informatizado – RECOF

Um dos pilares do Plano Nacional de Exportações 2015-2018 é o aperfeiçoamento dos regimes e mecanismos tributários de apoio às exportações. Nesse contexto, a Secretaria da Receita Federal do Brasil iniciou a ampliação do acesso ao Regime Aduaneiro Especial de Entreposto Industrial sob Controle Informatizado (Recof).

Permitir que as empresas usem o SPED para documentar a produção no regime, ampliação do acesso ao RECOF para empresas com compromisso de exportações acima de US$ 5 milhões por ano.

2.6.3 PIS/COFINS

- ✓ Reformular para facilitar a apuração dos créditos, gerar maior rapidez nos ressarcimentos e reduzir os resíduos das cadeias produtivas exportadoras.

2.6.4 REINTEGRA

- ✓ Recompor de forma gradual e aprimorar sua operacionalização, visando assegurar previsibilidade e rapidez na compensação e no ressarcimento.

2.6.5 ZPE

- ✓ Aprimorar marco legal do regime e avançar na sua implantação.

2.1.6. Reintegra

- ✓ Ferramenta para restituir resíduos tributários nas cadeias de produção de bens manufaturados exportados.
- ✓ Objetivo do PNE: aprimorar a operacionalização do Reintegra com o objetivo de dar maior celeridade na compensação e no ressarcimento dos créditos do regime.

- ✓ Base legal: MP 540/08/ 2011, regulamentado em 01/12/2011 pelo Decreto n° 7.633/2011.

A pessoa jurídica produtora que efetue exportação de bens manufaturados no País, pode apurar valores para fins de ressarcir parcial ou integralmente o resíduo tributário existente na sua cadeia de produção.
Alíquotas:
- Entre março 2015 e dezembro 2016 - 1%;
- 2017- 2%;
- 2018- 3%

3. IDENTIFICAÇÃO E ANÁLISE DOS MERCADOS PRIORITÁRIOS PARA PRODUTOS E SERVIÇOS

3.1 - América do Norte

Apresenta bons índices de recuperação econômica. A região deve crescer em torno de 3,0% em média até 2016. A participação da região no PIB mundial deverá ser de 23% em 2016. No período da crise mundial (2008 e 2009) houve retração no PIB de -1,5% voltando a apresentar crescimento de 2,3% em 2013.

Os Estados Unidos desempenham importante papel na recuperação econômica da região. A retomada do crescimento dos EUA é apoiada pelos ajustes fiscais internos, recuperação do setor imobiliário, diminuição nos índices de desemprego e aumento das exportações. O crescimento econômico dos EUA gera reflexos positivos nas economias de Canadá e México, importantes parceiros comerciais. Para 2016, a projeção do crescimento econômico mexicano é de 3,8%. FMI).

- ✓ **Mercados Prioritários para produtos brasileiros:** EUA, Canadá e México.

Mercados Prioritários para serviços brasileiros: EUA e México.

O México é a 14ª maior economia do mundo e a segunda maior economia da América Latina. A retomada do crescimento nos Estados Unidos estimula seu crescimento. As estimativas são de crescimento superior a 3% neste ano.

É um dos dez maiores produtores de automóveis. Os setores de tecnologia da informação e de software estão passando por um crescimento bastante expressivo, impulsionados pela qualidade da mão de obra e dos clusters e custos operacionais baixos.

O comércio bilateral é composto, quase completamente, de bens industrializados, principalmente manufaturados, com relevância para os produtos da indústria automotiva.

O Brasil apresenta, também, exportações expressivas para o México de aviões, máquinas e aparelhos mecânicos, produtos químicos, metalúrgicos e alimentícios.

O México também está implementando projetos de infraestrutura e liberalizando o setor de energia.

O Vale da Eletrônica (Sindivel), pretende aumentar entre 2 e 5% suas exportações das indústrias do Vale da Eletrônica mineiro, no Sul do estado, para o México e outros países da América do Sul, nos próximos três anos. O México é um país comprador, com consumo maior do que o Brasil e têm uma boa receptividade aos produtos brasileiros. São exigentes na conformidade, nas homologações de produtos e no padrão da qualidade.

As exportações são principalmente de equipamentos de automação, como os sensores, e toda linha de sistemas de segurança, como alarmes, acionadores de portão e cercas elétricas e virtuais.

Para concretizar as vendas, os Produtos precisam ser conhecidos dentro do ambiente das agências reguladoras, dos distribuidores e pelos usuários.

- **América do Norte sintético:**

Estados Unidos:

População de 316 milhões, alta renda per capita de 55 mil dólares e grandes oportunidades para produtos brasileiros e serviços. 6.000 empresas brasileiras exportam para o pais. Responde por 23% do PIB mundial, seu crescimento positivo gera reflexos nos países vizinhos do NAFTA.

Em 2015, foi realizada a redução de barreiras não tarifárias às exportações brasileiras, nas relações com os Estados Unidos. Em 2015 os Estados Unidos já são o principal destino das exportações de manufaturados. Exportamos mais de US$ 20 bilhões para o mercado norte-americano

Canadá:

Mercado de 35 milhões de habitantes, alta renda per capita de 45 mil dólares, 1.400 empresas brasileiras exportam para o pais.

México:

É um mercado de 122 milhões, renda per capita de 18 mil dólares e grandes oportunidades comerciais para produtos e serviços.2.500 empresas brasileiras exportam para o pais.

Dispõe de acordos comerciais com o Brasil. O Acordo de Complementação Econômica N° 53 concede hoje preferência tarifária a 12% das linhas tarifárias, que cobre 800 produtos, irá ampliar essa lista para mais de 3 mil itens.

Em 2014, o intercâmbio comercial de Brasil e México foi de US$ 9 bilhões, dos quais US$ 4,1 bilhões somente no setor automotivo. Existem inúmeras oportunidades para ampliar o comércio bilateral. Se encontra em Negociação o Acordo Comercial Expandido Brasil-México.

3.2 - Europa

Representa 23,4% do PIB mundial. Apesar de ter sofrido forte retração econômica no período da crise, já apresenta sinais de recuperação. Em 2009, no ápice da crise econômica mundial, a retração do PIB foi de 4,8%. Entretanto, com a situação econômica mais estável, o PIB da região deverá crescer 1,9% em média até 2016.

O crescimento econômico será impulsionado pela Alemanha, Reino Unido e França, que juntas respondem por mais da metade do PIB europeu.
No Leste Europeu, a Turquia deverá apresentar um crescimento superior a 2,5% até 2016.

- **Intercâmbio Comercial Brasil - União Européia**

Em 2015 as exportações brasileiras para a U.E. alcançaram a cifra de US$ 33,9 bilhões, 19,3% menos que no ano anterior

(US$ 42 bilhões). A participação da UE nas exportações brasileiras caiu de 18,7% em 2014 para 17,8% em 2015.

A pauta das exportações brasileiras para a UE é composta, principalmente por produtos básicos (48,3%). Os semimanufaturados representam 16,1% e os semimanufaturados, 35,1%.

Os principais produtos exportados para a EU, em 2015, foram: farelo de soja, com participação de 9,8%; do total das exportações para o bloco; café em grãos (8,5%), minério de ferro (6,6%), soja em grãos (6,4%) e celulose (6,3%).

Já as importações brasileiras da U.E. foram de US$ 36,6 bilhões em 2015. Houve queda de 21,6% sobre o valor importado em 2014 (US$46,7 bilhões). A participação da U.E nas importações brasileiras elevou-se de 20,4% para 21,4%

No ano passado, o Brasil importou da UE principalmente manufaturados (95,2%). Os semimanufaturados representaram 3,1% e os básicos 1,7%.

Os principais produtos importados da UE são medicamentos p/ medicina humana e veterinária, com participação de 8,5% do total das compras brasileiras do bloco; autopeças (4,6%), compostos heterocíclicos (3,3%); inseticidas, formicidas e herbicidas (3%), automóveis de passageiros (2,8%).

A balança comercial brasileira com a U.E., em 2015, teve déficit de US$ 2,7 bilhões. A corrente de comércio do Brasil com a região somou US$ 70,593 bilhões, no período. Houve queda de 20,5% sobre o ano anterior (US$ 88,766 bilhões).

Em 2015, 7.109 empresas brasileiras realizaram exportações para a U.E e 19.766 empresas brasileiras importaram produtos do bloco.

Em relação quanto aos exportadores, houve um acréscimo de 4% em relação a 2014 (275 empresas a mais) e, em relação nos importadores, houve diminuição de 3,2% (654 empresas a menos).

- ✓ **Mercados prioritários para produtos brasileiros**: Alemanha, Reino Unido, França, Turquia, Rússia e Polônia.

- ✓ **Mercados prioritários para serviços brasileiros**: Alemanha, Reino Unido e França.

- **Europa sintético:**

Alemanha:
Mercado de 80 milhões, renda per capita de 46 mil dólares e apresenta oportunidades para produtos e serviços brasileiros. Duas mil e duzentas empresas brasileiras exportam para o país.

Rússia:
Mercado de 143 milhões, oportunidades para produtos brasileiros. Seiscentas empresas brasileiras exportam para o país.

Reino Unido:
Mercado de 64 milhões, renda per capita de 40 mil dólares e oportunidades para produtos e serviços. 1800 empresas exportam para pais.

França:
Mercado de 66 milhões, renda per capita de 40 mil dólares e oportunidades para produtos e serviços. 1700 empresas exportam para o pais.

Turquia:
Mercado de 75 milhões, renda per capita de 20 mil dólares, e oportunidades para produtos. 1700 empresas exportam para o pais.

Polônia:

Mercado de 39 milhões, renda per capita de 25 milhões, e oportunidades para produtos. 440 empresas exportam para o pais.

- **O projeto Low Carbon Business Action in Brazil : uso de tecnologias para a redução da emissão de gases de efeito estufa na indústria :**

    A União Europeia quer aproximar pequenas e médias empresas do Brasil e da Europa para promover a troca de experiências e de negócios que possam aumentar o uso de tecnologias para a redução da emissão de gases de efeito estufa na indústria brasileira. O projeto Low Carbon Business Action in Brazil está identificando áreas e setores econômicos no país que possam concretizar negócios e aderir a processos e tecnologias de baixo carbono.

    Serão realizadas três rodadas de negócios em 2016 e pelo menos mais três no ano que vem, com a participação de cerca de 720 empresas brasileiras e europeias. A primeira rodada de negócios deverá ser em agosto. O objetivo é promover a troca de experiências inovadoras e apoiar as empresas na transição para as tecnologias e os processos de baixa emissão de carbono.

    O projeto vai financiar até 80% dos custos logísticos e de viagens de empresas selecionadas e promoverá acordos de cooperação para maior competitividade e sustentabilidade ambiental das companhias participantes. O investimento será de 3 milhões de euros até 2018 para financiamento operacional dos contatos. Em um segundo momento, deverá haver mecanismos financeiros de apoio para que as empresas possam desenvolver as propostas.

    Para Especialistas em baixo carbono do projeto que já existe um mercado de redução de emissões na União Europeia e que os países do bloco são os principais atores na discussão de uma economia de baixo carbono no mundo. Por isso, há interesse em investir em países como o Brasil, onde essas tecnologias ainda estão em desenvolvimento.

Com isso, a gente não só leva à redução da emissão de gases de efeito estufa e atinge os objetivos da Convenção do Clima, como ajuda também os setores tanto na Europa, porque naturalmente existe um interesse econômico, quanto em países em desenvolvimento, como o Brasil, onde isso está sendo buscado.

Um dos setores que devem ter destaque nas rodadas de negócios é o de biogás. No Brasil, existe potencial para a produção de gás natural, mas faltam tecnologias como equipamentos para produzir e purificar o produto de maneira mais eficiente.

É uma oportunidade importante para empresas brasileiras que queiram identificar parceiros comerciais e tecnológicos voltados para esta área específica, dentro daquilo que é a vocação do setor produtivo brasileiro no tema meio ambiente, como tratamento de água, empresas de gestão de resíduos, de energias renováveis.

3.3 - América Latina e Caribe

Possuem perspectivas de crescimento médio de 2,9% ao ano. Antes da crise econômica mundial, em 2007, a América Latina representava 6,9% do PIB Mundial, mas em 2016 a região representará 8,4% do PIB mundial.
A região apresenta países que manterão o ritmo de crescimento acelerado e oportunidades para os produtos brasileiros, destacam-se Colômbia e Peru que possuem projeção de crescimento médio do PIB em 2016 de 4,5% e 5,7%, respectivamente. Também o Paraguai que vem apresentando recuperação expressiva, deve apresentar crescimento médio do PIB em 2016 de 4,5%. A razão do crescimento paraguaio está ligada ao incremento da atividade agrícola no país.

✓ **Mercados prioritários para produtos brasileiros**: Argentina, Colômbia, Venezuela, Peru, Chile, Cuba, Uruguai, Bolívia, Paraguai

- ✓ **Mercados prioritários para serviços brasileiros**: Argentina, Colômbia, Venezuela, Chile, Uruguai, Bolívia, Paraguai, Peru.

América Latina e Caribe: sintético

- ✓ **Argentina:**

Mercado 41 milhões membro do Mercosul, oportunidades para produtos e serviços. 4.500 empresas brasileiras exportam para o pais.

- ✓ **Colômbia:**

Mercado 48 milhões, estabilidade política crescimento acelerado, oportunidades para produtos e serviços. 2.980 empresas brasileiras exportam para o pais.

- ✓ **Venezuela:**

Mercado 30 milhões, membro Mercosul, risco político e atraso nos pagamentos, renda per capita de 18 mil dólares, oportunidades para produtos e serviços. 1.500 empresas brasileiras exportam para o pais.

- ✓ **Chile:**

Mercado de 18 milhões, estabilidade política oportunidades para produtos e serviços. 3.590 empresas brasileiras exportam para o pais.

As relações comerciais entre o Brasil e o Chile são regidas pelo Acordo de Complementação Econômica No. 35 (Mercosul), vigente desde 1996. Atualmente, a totalidade dos produtos negociados entre os dois países se beneficia de uma tarifa próxima de 0%, ou seja, beneficia-se de uma preferência de 100%, assim como sucede entre o Chile e os demais países-membros do Mercosul.

De acordo com dados do Ministério do Desenvolvimento, Indústria e Comércio Exterior (MDIC), o intercâmbio de bens entre o Chile e o Brasil totalizou US$ 7,967 bilhões em 2015, com uma queda de 18%, comparativamente com 2014. No ano passado, as exportações chilenas totalizaram US$ 3,411 bilhões (retração de -15,01%), enquanto as vendas brasileiras ao Chile tiveram uma queda de 0,18% e totalizaram US$ 3,978 bilhões, afetadas pela redução nas vendas brasileiras de bens intermediários, que tiveram uma baixa anual de 19%.

✓ **Peru:**

Mercado de 30 milhões, estabilidade econômica e crescimento acelerado, oportunidades para produtos e serviços. 2.875 empresas brasileiras exportam para o pais.

Corrente de comércio

As exportações brasileiras no primeiro trimestre de 2016 para o Peru foram de US$ 410,4 milhões, 14% acima do registrado no mesmo período de 2015 (US$ 359,8 milhões). Já as importações brasileiras do Peru atingiram US$ 199,4 milhões, 37,9% menos que o alcançado no primeiro trimestre de 2015 (US$ 321,6 milhões).

O resultado foi um superávit para o Brasil de US$ 210,9 milhões no primeiro trimestre deste ano, contra um superávit de US$ 38,2 milhões no mesmo período de 2015. A corrente de comércio somou US$ 609,9 milhões este ano, valor 10,4% menor que o registrado no trimestre de 2015 (US$ 681,4 milhões).

Principais produtos da pauta de exportação brasileira:

- Tratores – US$ 15,3 milhões (participação de 3,73%)
- Outros açúcares de cana – US$ 14,3 milhões (3,51%)
- Carregadoras – US$ 12,5 milhões (3,05%)
- Chassis com motor diesel – US$ 11,3 milhões (2,76%)
- Óleos brutos de petróleo – US$ 11,1 milhões (2,73%)

Principais produtos importados do Peru:

- Catodos de cobre refinado – US$ 43,4 milhões (21,79%)
- Sulfetos de minério de zinco – US$ 30,4 milhões (15,24%)
- Sulfetos de minérios de cobre – US$ 27,4 milhões (13,77%)
- Fosfatos de cálcio – US$ 21,7 milhões (10,89%)
- Fosfato hidrogeno-ortofosfato de cálcio – US$ 6,2 milhões (3,14%)

✓ **Cuba:**
Mercado de 11 milhões, oportunidades para produtos. 260 empresas brasileiras exportam para o pais.

✓ **Uruguai:**
Mercado de 3,5 milhões, membro Mercosul, praça financeira, oportunidades para produtos e serviços. 3.700 empresas brasileiras exportam para o pais.

✓ **Bolívia:**
Mercado de 10 milhões, oportunidades para produtos e serviços. 3.000 empresas brasileiras exportam para o pais.

✓ **Paraguai:**
Mercado de 6,8 milhões, membro Mercosul, oportunidades para produtos e serviços. 4.300 empresas brasileiras exportam para o pais.

✓ **Equador:**
Mercado de 16 milhões, parceiro importante em áreas estratégicas de infraestrutura, como a hidrelétrica de Manduriacu e o projeto de irrigação Daule Vinces.

Os dois países trabalham para impulsionar o Eixo Multimodal Manta-Manaus, rota que ligará o Norte do Brasil ao porto equatoriano de Manta.

A Rota Manta - Manaus (AM) é uma nova e mais rápida opção de transporte até o Brasil. O projeto, quase finalizado, compreende um trecho de rodovia desde o Porto de Manta, no Equador, até o Porto Providencia, no Equador.

Partindo de Manaus segue-se pelo Rio Solimões até o Rio Napo, seu afluente, passando pelo Peru e Colômbia até chegar no Porto de Providência no Equador(fluvial).

De Providencia parte por rodovia até o Porto de Manabi em Manta, Equador, também no Pacifico.

O projeto é ambicioso e apresenta grandes pespectivas econômicas mas faz-se necessário grandes investimentos. Entre estes obstáculos salientam ampliar as condições de navegabilidade do Rio Napo, termino do Porto de Providência e o aprimoramento da rodovia Providencia - Manta que cruza os Andes

É um projeto estratégico para os dos países que pretende incrementar o comercio pela hidrovia. Entre as vantagens em destaque estão:

Foco na redução do tempo de transporte entre países como China e Japão para o Brasil em especial para o polo industrial de Manaus, melhorando o tempo da logística para o seu abastecimento e produção.

Para as exportações do Equador também é estratégico para agilizar o comercio com o Brasil pela rota a Manaus. Com o uso da hidrovia é possível agilizar a chegada de mercadorias ao Amazonas, Norte e Nordeste do Brasil. Entre os produtos que navegam no trecho se destacam os materiais de construção e para a indústria metalomecânica.

Grande oportunidades de negócios

Segundo o Pro-Ecuador, a hidrovia Manta-Manaus é mais um dos negócios em potencial que podem ser estimulados entre Brasil e Equador.

Os negócios entre os dois países cresceram cerca de 15% de 2009. O objetivo é trabalhar no Brasil os produtos equatorianos mais elaborados como cacau (chocolate), atum, e outros produtos alimentícioscomo banana, camarão, e outros.

Para quem procura bons investimentos no Equador o país apresenta ótimas oportunidades no setor de infraestrutura, como por exemplo aeroportos e hidrelétricas.

LIGAÇÃO MULTIMODAL MANTA (EQUADOR) – MANAUS (BRASIL)

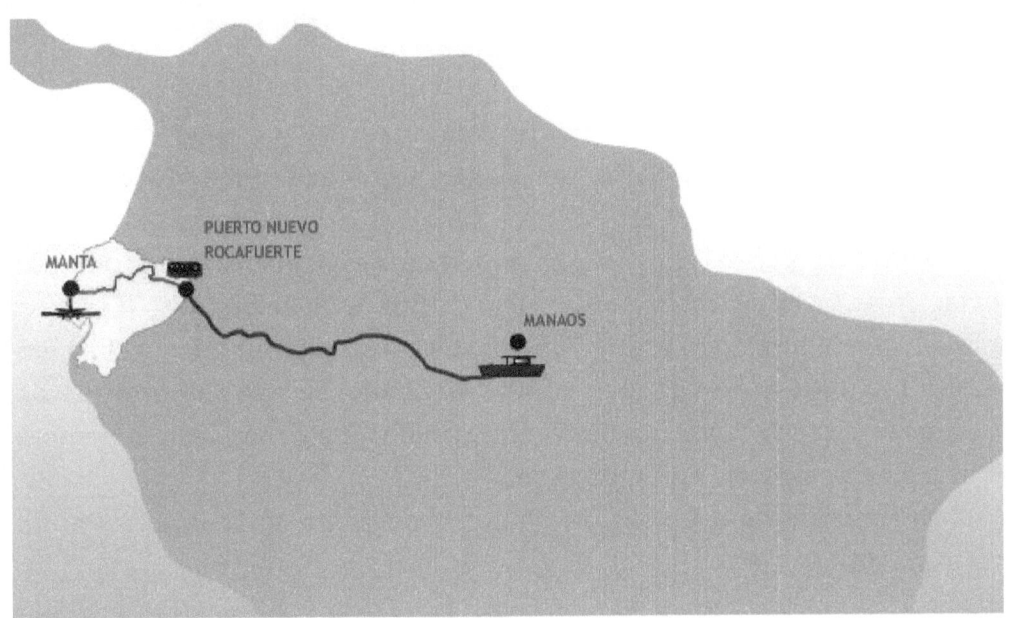

Fonte : MRE, 2016

3.4 África

Deve crescer 5,3%, em média, em 2016, com destaque para a região Subsaariana, cuja previsão de crescimento é de 5,5%. Mesmo em 2009, quando os impactos mais agudos da crise se fizeram sentir, o conjunto das economias africanas cresceu 2,9%, contra queda de 0,4% na economia mundial. Em 2007, ainda no período pré-crise, a participação do continente no PIB Mundial era de 3,8%. Em 2016 esse percentual deverá ser de 4,3%.

Países como Angola, Moçambique apresentam, crescimento elevado ao redor de 8% ao ano, no caso de Moçambique – um ambiente bastante favorável aos negócios brasileiros. Angola detém o maior número de operações de empresas brasileiras no continente.

- ✓ **Mercados prioritários para produtos brasileiros**: África do Sul, Egito, Nigéria, Argélia, Angola, Moçambique.

- ✓ **Mercado prioritário para Serviços brasileiros**: Angola.

3.5 Oriente Médio

Os Países do Oriente Médio devem crescer 3,8% ao ano, em média, em 2016. A participação dos países da região na economia mundial, que foi de 3,8% em 2007, deve evoluir para 3,9% em 2016.

Entre os países com maior potencial de negócios para o Brasil destacam-se os integrantes do Conselho de Cooperação do Golfo (CCG): Arábia Saudita, Emirados Árabes Unidos, Catar, Kuwait, Bahrein e Omã em função da elevada renda per capita, dependência de importação de alimentos e, o caso dos Emirados Árabes Unidos, pelas suas características de hub para os demais países da região.

O Brasil retomou as exportações de carne para Arábia Saudita, além de exportar frutas e arroz.

O Brasil produz fertilizantes, mas em função do tamanho das suas lavouras e da sua produção agrícola, é também um grande importador do produto. Os países árabes são fornecedores de fertilizantes para o Brasil e as exportações da região ao mercado brasileiro subiram substancialmente em 2016. Elas passaram de 460 mil toneladas de janeiro a março de 2015 para 749,6 mil toneladas no mesmo período de 2016, um avanço de 62%, segundo o Ministério do Desenvolvimento, Indústria e Comércio Exterior (MDIC).

O maior fornecedor árabe de fertilizantes ao Brasil foi o Catar, com 328,8 mil toneladas enviadas, um pouco mais da metade do total que veio da região. O segundo maior fornecedor foi o Marrocos, com 93,3 mil toneladas, e o terceiro foi Arábia Saudita, com 92,8 mil toneladas.

Atualmente, os Países árabes são o foco de empresas brasileiras nas exportações de sucos concentrados, principalmente o suco de laranja e o suco de limão e derivados, exportado em tambores congelados.

- **Mercados prioritários para produtos brasileiros**: 7- Arábia Saudita, Emirados Árabes Unidos (Hub), Catar, Kuwait, Bahrein, Omã e Irã.

✓ **Emirados Árabes:**

Representam um importante hub (polo de distribuição) na região do Golfo Pérsico e uma entrada para mercados mais sofisticados dentro dessa mesma região. São mercados atraentes e prioritários.

- ✓ **Mercados prioritários para serviços brasileiros**: Emirados Árabes Unidos (TI).

- **África** Sintético:

✓ **África do Sul**:
População de 53 milhões, grande mercado para todos produtos brasileiros e para alguns tipos de serviço P & D e telecomunicações. 1.100 empresas brasileiras exportam para o pais.

✓ **Nigéria:**
População de 174 milhões, grande mercado para produtos brasileiros. 350 empresas brasileiras exportam para o pais.

✓ **Argélia:**
População de 40 milhões, grande mercado para produtos brasileiros. 270 empresas brasileiras exportam para o pais.

Representa uma importante porta de entrada ao continente africano, além de ser um mercado com algumas características semelhantes ao brasileiro, o que torna a missão de internacionalização menos árdua para as empresas nacionais.

✓ **Angola**:
População de 21 milhões, grande mercado para produtos brasileiros e serviços (construção, TI, engenharia e instalação). 1000 empresas brasileiras exportam para o pais.

✓ **Moçambique:**

População de 25 milhões, grande mercado para produtos brasileiros .340 empresas brasileiras exportam para o pais.

A indústria brasileira de implementos rodoviários deve exportar e recuperar mercados similares aos de 1980 e 1990

- ✓ **Egito:**

População de 82 milhões, grande mercado para produtos brasileiros. 530 empresas brasileiras exportam para o pais.

O Acordo Mercosul – Egito: assinado em 2010 tem como objetivo ampliar e fortalecer a cooperação econômica entre os países signatários; eliminar barreiras e restrições ao comércio, inclusive de produtos do agronegócio; promover, o comércio recíproco, o desenvolvimento das relações econômicas; criar condições para a promoção do investimento mútuo e conjunto; e promover a cooperação entre si em mercados de outros países além do Mercosul.

O Egito é o principal comprador do Brasil na África e o terceiro entre os países árabes. Em 2014, as exportações brasileiras ao país somaram US$ 2,3 bilhões, um aumento de 5,1% sobre 2013.

Os principais produtos exportados pelo Brasil foram carne bovina e açúcar. O Brasil, por sua vez, importou US$ 145,9 milhões do Egito no mesmo período, ou 47,7% a menos do que em 2013.

Fertilizantes foram os principais produtos exportados pelo Egito ao Brasil.

A unidade d GB Marcopolo a companhia no Egito, , recebeu um pedido de 150 ônibus para serem entregues no Cairo e 90 para um contrato celebrado em Alexandria. A empresa mantém uma linha de montagem desde 2009 no país árabe, em uma joint-venture com a companhia local GB Auto.

- ▪ **Intercâmbio Comercial Brasil - Irã**

O Irã quer comprar do Brasil taxi a gás, ônibus, caminhões e maquinas agrícolas, além de aviões da Embraer para ativar a aviação regional. O pais é o maior importador mundial de painéis de madeira, pois não tem produção interna.

Em 2014, o Brasil exportou US$ 1,4 bilhão para o Irã e importou US$ 5 milhões. Em 2015 o comercio bilateral caiu para USD 1,66 bilhões.

No período, a pauta das exportações brasileiras ao Irã foi composta de produtos básicos (89,9%), seguidos dos semimanufaturados (9,1%) e dos manufaturados (1%). Os principais produtos da pauta são milho em grãos (60,9%), carne bovina (19%), farelo de soja (7,1%), açúcar em bruto (6,7%), entre outros.

Já a importação de produtos iranianos foi composta por 51,2% de básicos, 47,3% de manufaturados e 1,5% de semimanufaturados. Destaques: uvas (31,6%), polímeros plásticos (29%), e objetos de vidro para uso doméstico (7,6%). O Brasil se interessa pelo petróleo iraniano e industrias de bio e nanotecnologia.

No ano de 2014, 98 empresas brasileiras realizaram exportações ao Irã e 55 empresas brasileiras importaram produtos do país do Oriente Médio.

3.6. Ásia e Oceania

A Ásia deve continuar sendo uma fonte de dinamismo econômico global. Mesmo no pior ano da crise, em 2009, a região cresceu 3,8%. O continente deve crescer 5,4%, em média, até 2016. A sua participação no PIB mundial aumentou em comparação aos anos anteriores à crise econômica mundial. Em 2007, a Ásia representava 33,7% do PIB mundial, e até 2016 a região será responsável por 41,2%.

A China também deve seguir como um motor do crescimento regional e global. O país deverá ser responsável por 17,1% do PIB mundial em 2016, e deverá crescer 6,5% em média.

A economia chinesa está passando por um processo de transição, baseado no aumento do consumo doméstico, o que favorece as exportações para o país. Já a Índia deve crescer acima de 6% nos próximos dois anos.

- **Mercados Prioritários para produtos brasileiros**: China, Índia, Japão, Coreia do Sul, Austrália.

- **Mercados Prioritários para Serviços brasileiros**: China, Índia, Japão, Coreia do Sul, Austrália.

4. BASE LEGAL DA EXPORTAÇÃO, IMPORTAÇÃO E DRAWBACK

4.1 Exportação de Produtos

A Portaria SECEX nº 23, de 14 de julho de 2011, atualizada, consolida em um único documento todas as normas emitidas pela SECEX sobre o tratamento administrativo das Importações e Exportações e sobre o Regime Especial de Drawback.

- **Acesse:**

http://portal.siscomex.gov.br/legislacao/biblioteca-de-arquivos/secex/portaria-no-23-de-14-de-julho-de-2011;

5. CLASSIFICAÇÃO FISCAL DE MERCADORIAS E SERVIÇOS

5.1 Classificação Fiscal de Mercadorias

- **Nomenclatura Comum do Mercosul (NCM):**
  Lista numérica, ordenada por posições e subposições do Sistema Harmonizado de Designação e Codificação de Mercadorias da Organização Mundial das Alfândegas - OMA.

5.2 Tarifa Externa Comum (TEC)

A consulta sobre classificação fiscal de mercadorias, é o instrumento para dirimir dúvidas sobre a correta classificação fiscal.

❖ **Acesse:**
http://idg.receita.fazenda.gov.br/formularios/arquivos-e-imagens/coletanea-in-1459-2014.pdf

http://www.investexportbrasil.gov.br/classificacao-de-mercadorias
http://www.mdic.gov.br//sitio/interna/interna.php?area=5&menu=3361

5.3 O que são ex-tarifários

- ✓ O regime de ex-tarifário reduz temporariamente a alíquota do imposto de importação de Bens de Capital (BK) e de Informática e Telecomunicação (BIT) - assim descritos na Tarifa Externa Comum do Mercosul (TEC) - quando não houver a produção nacional equivalente. Além de viabilizar o aumento de investimentos, o regime incentiva a inovação por parte de empresas de diferentes segmentos da economia, com a incorporação de novas tecnologias inexistentes no Brasil, com reflexos na produtividade e competitividade das indústrias brasileiras. As normas do regime constam da Resolução Camex nº 66/2014. A concessão é feita após análise, pelo Comitê de Análise de Ex-Tarifários (CAEx), dos pareceres elaborados pela Secretaria de Desenvolvimento e Competitividade Industrial (SDCI) do MDIC.

5.4 NBS - Nomenclatura Brasileira de Serviços

- ✓ Sistema de conformidade com as diretrizes do Acordo Geral sobre Comércio de Serviços (GATS) da Organização Mundial do Comércio (OMC), aprovado pelo Decreto Legislativo nº 30, de 15 de dezembro de 1994, e promulgado pelo Decreto no 1.355, de 30 de dezembro de 1994.
- ✓ Sua elaboração teve por base a Central Product Classification (CPC 2.0), classificador utilizado em todos os acordos comerciais firmados pelo Brasil.
- ✓ O público alvo do Siscoserv são os residentes e domiciliados no Brasil que realizam operações de comercialização de serviços, intangíveis e outras operações que produzem variações no patrimônio das entidades, com residentes ou domiciliados no exterior, dentre as quais as operações de exportação e importação de serviços.

Composição:

- O código NBS é composto por nove dígitos:

    - ✓ O primeiro dígito, da esquerda para a direita, é o número 1 indicador que o código se refere a um serviço, intangível ou outra operação que produz variação do patrimônio;

    - ✓ O segundo e o terceiro dígitos indicam o Capítulo da NBS;

    - ✓ O quarto e o quinto dígitos representam a Posição dentro de um Capítulo;

- ✓ O . sexto e o sétimo dígitos representam, respectivamente, as subposições de primeiro e de segundo nível;

- ✓ O oitavo dígito é o item;

- ✓ O nono dígito é o subitem.

❖ **Acesse:**

http://www.desenvolvimento.gov.br/arquivos/dwnl_1333484934.pdf

www.siscoserv.gov.br

5.5 SISCOSERV

✓ Ferramenta de registro de informações para controle das operações de compra e venda de serviços, intangíveis e outras operações que produzam variações no patrimônio.

- **Base Legal:**

- Lei nº 12.546, de 14 de dezembro de 2011: obrigatoriedade de prestar informações ao MDIC.
- Decreto nº 7.708, de 02 de abril de 2012; Classificação BS segundo CPC-2 GATS/OMC
- Portaria Conjunta RFB/SCS nº 1.908/ 2012: instituiu o SISCOSERV, e prazos, limites e condições para os registros instituídos, pela Lei nº 12.546/2011 e Portaria MDIC nº 113/2012, e no contexto da RFB, pela IN RFB 1.277/2012.

- **Objetivo:**
  ✓ Possibilitar o conhecimento do comércio exterior de serviços, seus atores e particularidades, possibilitando, o aprimoramento de ações de estímulo, formulação, acompanhamento e aferição das políticas públicas relacionadas ao setor, bem como o subsidio às negociações de acordos internacionais.

- **Acesse:**
  https://www.siscoserv.mdic.gov.br/g33159SCS/jsp/logon.jsp

5.5.1 Módulos do SISCOSERV

O SISCOSERV é composto por dois Módulos:

- **Módulo Venda:**

Registro das operações de venda de serviços, intangíveis e outras operações que produzam variações no patrimônio, por residentes ou domiciliados no País a residentes ou domiciliados no exterior. Este módulo abrange também o registro das operações realizadas por meio de presença comercial no exterior.

- **Módulo Aquisição:**

Registro os serviços, intangíveis e outras operações que produzam variações no patrimônio, adquiridos por residentes ou domiciliados no País de residentes ou domiciliados no exterior.

Cada módulo contém os modos de prestação de serviços identificados segundo a localização do prestador e do tomador (GATS).

5.5.2 Os Modos de prestação de serviços:

Os modos de prestação identificam, conforme estabelecido no Acordo Geral sobre o Comércio de Serviços da OMC (GATS)1, a prestação de serviços, segundo a localização do prestador e do tomador.

- **Módulo Venda:**

  ✓ **Modo 1 – Comércio Transfronteiriço:**

Serviço prestado do território de um país ao território de outro país, por residente ou domiciliado no Brasil a residente ou domiciliado no exterior.

Exemplos:
• serviço vendido via Internet por empresa brasileira à empresa domiciliada no exterior;
• serviços de corretagem de ações prestados a cliente residente ou domiciliado no exterior efetuados por empresa corretora domiciliada no Brasil;
• serviços de projeto e desenvolvimento de estruturas e conteúdo de páginas eletrônicas realizados no Brasil para cliente residente ou domiciliado no exterior;
• serviços de transporte internacional de cargas prestado por empresa domiciliada no Brasil a empresa domiciliada no exterior;
• serviços de transporte internacional de passageiros prestado por empresa domiciliada no Brasil a residentes no exterior.

✓ **Modo 2 – Consumo no Brasil**:

Serviço prestado por residente ou domiciliado no Brasil e consumido no território brasileiro por residente ou domiciliado no exterior.

Exemplos:
• serviços educacionais presenciais prestados no Brasil a residente no exterior;

• capacitação no Brasil de funcionários de pessoa jurídica domiciliada no exterior;

• empresa estrangeira envia equipamento para reparo no Brasil;

• serviços médicos especializados prestados no Brasil a residente no exterior.

✓ **Modo 3 - Presença comercial no Exterior**:

Consiste na prestação de serviço por pessoa jurídica domiciliada no exterior relacionada a uma pessoa jurídica domiciliada no Brasil.

Exemplos:

• filial de empresa brasileira de construção estabelecida no exterior para execução de obra;

• filiais bancárias no exterior de banco brasileiro;

• controlada de empresa brasileira de comércio varejista no exterior.

✓ **Modo 4 – Movimento temporário de Pessoas Físicas:**
Residentes no Brasil deslocam se por tempo limitado ao exterior com vistas a prestar um serviço a residente ou domiciliado no exterior.

Exemplos:

• arquiteto residente no Brasil desloca-se para desenvolver projeto de arquitetura no exterior;

• empreiteiras domiciliadas no Brasil enviam trabalhadores que mantêm vínculo empregatício no Brasil para construção de uma rodovia no exterior;

• advogado residente no Brasil desloca-se para o exterior a fim de prestar consultoria jurídica.

No Brasil, a formulação e a execução das políticas de comércio exterior são de competência do Ministério do Desenvolvimento, Indústria e Comércio Exterior. Existe na estrutura do MDIC uma Secretaria para tratar de assuntos relacionados especificamente ao setor de serviços, a Secretaria de Comércio e Serviços – SCS.

A SCS possui, dentre outras, a incumbência de formular, coordenar, implementar, avaliar políticas públicas e estabelecer normas para o desenvolvimento do sistema produtivo nas áreas de comércio e de serviços, tanto no mercado doméstico quanto no mercado externo.

- **Módulo Aquisição:**

  ✓ Modo 1- Comércio Transfronteiriço
  ✓ Modo 2 - Consumo no Exterior
  ✓ Modo 4 – Movimento temporário de pessoas físicas

5.5.3 Premissas Básicas do SISCOSERV

✓ Estruturado em conformidade com os conceitos previstos na legislação tributária.
✓ Disponível na internet - processamento on-line.
✓ Acesso: Certificação Digital e Procuração Eletrônica.
✓ Referência para o Registro: NBS (baseada na CPC 2.0).
✓ Registra exclusivamente operações já iniciadas ou concluídas.
✓ Não há anuência prévia por órgãos do Governo.
✓ Manual informatizado para orientação aos usuários (Módulo Venda e Módulo Aquisição).
✓ Apoio à gestão e ao acompanhamento dos mecanismos de apoio ao comércio exterior de serviços, intangíveis e demais operações.
✓ Identificação dos 4 Modos de Prestação (GATS/OMC).

NBS: **NOMENCLATURA BRASILEIRA DE SERVIÇOS**

SEÇÃO I - SERVIÇOS DE CONSTRUÇÃO
Capítulo 1 - Serviços de construção

SEÇÃO II - SERVIÇOS DE DISTRIBUIÇÃO DE MERCADORIAS; SERVIÇOS DE DESPACHANTE ADUANEIRO; HOSPEDAGEM, FORNECIMENTO DE ALIMENTAÇÃO E BEBIDAS; SERVIÇOS DE TRANSPORTE E SERVIÇOS DE DISTRIBUIÇÃO DE SERVIÇOS PÚBLICOS

Capítulo 2 - Serviços de distribuição de mercadorias; serviço de despachante aduaneiro.

Capítulo 3 - Fornecimento de alimentação e bebidas e serviços hospedagem.

Capítulo 4 - Serviços de transporte de passageiros.

Capítulo 5 - Serviços de transporte de cargas.

Capítulo 6 - Serviços de apoio aos transportes.

Capítulo 7 - Serviços postais; serviços de coleta, remessa ou entrega de documentos (exceto cartas) ou de pequenos objetos; serviços de remessas expressas.

Capítulo 8 - Serviços de transmissão e distribuição de eletricidade, serviços de distribuição de gás e água

SEÇÃO III - SERVIÇOS FINANCEIROS E RELACIONADOS; SECURITIZAÇÃO DE RECEBÍVEIS E FOMENTO COMERCIAL; SERVIÇOS IMOBILIÁRIOS ARRENDAMENTO MERCANTIL OPERACIONAL E PROPRIEDADE INTELECTUAL

Capítulo 9 - Serviços financeiros e relacionados; securitização de recebíveis e fomento comercial.

Capítulo 10 - Serviços imobiliários.

Capítulo 11 - Arrendamento mercantil operacional, propriedade intelectual, franquias empresariais e exploração de outros direitos.

SEÇÃO IV - SERVIÇOS EMPRESARIAIS E DE PRODUÇÃO

Capítulo 12 - Serviços de pesquisa e desenvolvimento.

Capítulo 13 - Serviços jurídicos e contábeis.

Capítulo 14 - Outros serviços profissionais.

Capítulo 15 - Serviços de tecnologia da informação.

Capítulo 16 - Reservado para possível uso futuro.

Capítulo 17 - Serviços de telecomunicação, difusão e fornecimento de informações.

Capítulo 18 - Serviços de apoio às atividades empresariais.

Capítulo 19 - Serviços de apoio às atividades agropecuárias, silvicultura, pesca, aquicultura, extração mineral, eletricidade, gás e água.

Capítulo 20 - Serviços de manutenção, reparação e instalação (exceto construção).

Capítulo 21 - Serviços de publicação, impressão e reprodução.

SEÇÃO V - SERVIÇOS COMUNITÁRIOS, SOCIAIS, AMBIENTAIS e PESSOAIS

Capítulo 22 - Serviços educacionais.
Capítulo 23 - Serviços relacionados à saúde humana e de assistência social.

Capítulo 24 - Serviços de tratamento, eliminação e coleta de resíduos sólidos, saneamento, remediação e serviços ambientais

Capítulo 25 - Serviços recreativos, culturais e desportivos.

Capítulo 26 - Serviços pessoais.

SEÇÃO VI - OUTROS SERVIÇOS, INTANGÍVEIS E OUTRAS OPERAÇÕES QUE PRODUZAM VARIAÇÕES NO PATRIMÔNIO QUE NÃO ESTÃO INCLUÍDOS EM NENHUMA DAS SEÇÕES ANTERIORES.

Capítulo 27 - Cessão de direitos de propriedade intelectual

6. MODALIDADES DE VENDA DE MERCADORIAS - INCOTERMS

✓ Os INCOTERMS definem custos e riscos, diretos e obrigações nas operações de exportação e importação de mercadorias e serviços.

6.1 RESUMO EM ORDEM DE RISCOS E CUSTOS

- . EXW – EX WORKS – NA ORIGEM (local de entrega nomeado)

- FCA – FREE CARRIER – LIVRE NO TRANSPORTADOR (local de entrega nomeado)

- FAS – FREE ALONGSIDE SHIP – LIVRE AO LADO DO NAVIO (porto de embarque nomeado)

- FOB – FREE ON BOARD – LIVRE A BORDO (porto de embarque nomeado)

- CPT – CARRIAGE PAID TO – TRANSPORTE PAGO ATÉ (local de destino nomeado)

- CFR – COST AND FREIGHT – CUSTO E FRETE (porto de destino nomeado)

- CIP – CARRIAGE AND INSURANCE PAID TO – TRANSPORTE E SEGURO PAGOS ATÉ (local de destino nomeado)

- CIF – COST INSURANCE AND FREIGHT – CUSTO, SEGURO E FRETE (porto de destino nomeado)

- DAT – DELIVERED AT TERMINAL – ENTREGUE NO TERMINAL (Terminal nomeado no porto ou local de destino)

- DAP – DELIVERED AT PLACE – ENTREGUE NO LOCAL (local de destino nomeado)
- DDP – DELIVERED DUTY PAID – ENTREGUE COM DIREITOS PAGOS (local de destino nomeado)

A lista completa de termos pode ser consultada na Resolução CAMEX nº 21, de 07/04/11.

Por questões operacionais, o importador estrangeiro não pode realizar o despacho aduaneiro no Brasil. Assim, contrariamente ao Incoterms EXW, é o exportador que deve realizá-lo. E, por isso, não se pode utilizar no Brasil o termo DDP na nossa importação.

Os Incoterms são divididos em dois grupos:

- **Termos A**: operações transportadas pelos modais aquaviários (marítimo, fluvial ou lacustre).

- **Termos B**: operações transportadas em qualquer modal de transporte, inclusive transporte multimodal.

- **EXW- EX WORKS - Na Origem (local de entrega nomeado)**

✓ O vendedor coloca a mercadoria à disposição do comprador no seu domicílio, no prazo estabelecido, não se responsabilizando pelo desembaraço para exportação nem pelo carregamento da mercadoria em qualquer veículo coletor.
✓ Utilizável em qualquer modalidade de transporte.

- **FCA - FREE CARRIER - todos modais – Livre no Transportador (local de entrega nomeado)**

✓ O vendedor completa suas obrigações e encerra sua responsabilidade quando entrega a mercadoria, desembaraçada para exportação, ao transportador ou a outra

pessoa indicada pelo comprador, no local nomeado do país de origem.
Utilizável em qualquer modalidade de transporte

- **FAS- Free Along Ship – Livre ao lado do navio (porto de embarque nomeado) marítimo.**

✓ O vendedor encerra suas obrigações s no momento em que a mercadoria é colocada ao lado do navio transportador, no cais ou em embarcações utilizadas para carregamento, no porto de embarque designado;
✓ A partir daquele momento, o comprador assume todos os riscos e custos com carregamento, pagamento de frete e seguro e demais despesas;
✓ O vendedor é responsável pelo desembaraço da mercadoria para exportação;
✓ Este termo pode ser utilizado somente para transporte aquaviário (marítimo, fluvial ou lacustre).

- **FOB -FREE ON BOARD – marítimo – Livre à Bordo (porto de embarque nomeado)**

✓ O vendedor encerra suas obrigações e responsabilidades quando a mercadoria, e desembaraçada para a exportação, é entregue, arrumada, a bordo do navio no porto de embarque, ambos indicados pelo comprador, na data ou dentro do período acordado.

Utilizável exclusivamente no transporte LIVRE A BORDO (porto de embarque nomeado)

✓ O vendedor encerra suas obrigações e responsabilidades quando a mercadoria, e desembaraçada para a exportação, é entregue, arrumada, a bordo do navio no porto de embarque, ambos indicados pelo comprador, na data ou dentro do período acordado.

Utilizável exclusivamente no transporte aquaviário - marítimo ou hidroviário

- **CPT- Transporte Pago até (local de destino nomeado) – todos modais**

✓ Além de arcar com obrigações e riscos previstos para o termo FCA, o vendedor contrata e paga frete e custos necessários para levar a mercadoria até o local de destino combinado
✓ O vendedor contrata e paga o frete para levar as mercadorias ao local de destino designado;
✓ A partir do momento em que as mercadorias são entregues a custodia do transportador, os riscos por perdas e danos se transferem do vendedor para o comprador, assim como possíveis custos adicionais que possam incorrer;
✓ O vendedor é o responsável pelo desembaraço das mercadorias para exportação;
✓ Utilizável em qualquer modalidade de transporte.

- **CFR – COST AND FREIGHT – CUSTO E FRETE (porto de destino nomeado) – aquaviário**

✓ O vendedor é o responsável pelo pagamento dos custos necessários para colocar a mercadoria a bordo do navio;
✓ O vendedor é responsável pelo pagamento do frete até o porto de destino designado;
✓ O vendedor é responsável pelo desembaraço da exportação;
✓ Os riscos de perda ou dano da mercadoria, bem como quaisquer outros custos adicionais são transferidos do vendedor para o comprador no momento em que a mercadoria cruze a murada do navio;
✓ Caso queira se resguardar, o comprador deve contratar e pagar o seguro da mercadoria;
✓ Cláusula utilizável exclusivamente no transporte aquaviário (marítimo, fluvial ou lacustre).

- **CIP – CARRIAGE AND INSURANCE PAID TO – Transporte e seguros pagos até (local de destino nomeado- todos modais**

- ✓ Nesta modalidade, as responsabilidades do vendedor são as mesmas descritas no CPT, acrescidas da contratada o e pagamento do seguro até o destino;
- ✓ A partir do momento em que as mercadorias são entregues a custódia do transportador, os riscos por perdas e danos se transferem do vendedor para o comprador, assim como possíveis custos adicionais que possam incorrer;
- ✓ O seguro pago pelo vendedor tem cobertura mínima, de modo que compete ao comprador avaliar a necessidade de efetuar seguro complementar;
- ✓ Cláusula utilizada em qualquer modalidade de transporte.

- **Diferença entre DAT, DAP e DDP**

- **DAT** - Terminal -deve ser utilizado quando a entrega ocorrer em um terminal de cargas no país de destino.

- **DAP** quando a entrega ocorrer em algum local no país de destino, que não seja um terminal de cargas (aquaviário, aéreo, rodoviário, ferroviário).

Em ambos os casos o vendedor entregará a mercadoria antes do desembaraço de importação.

- O único termo no qual o vendedor se responsabilizará pelo desembaraço na importação é **o DDP**.

- **CIF – Marítimo - CUSTO, SEGURO E FRETE (porto de destino nomeado)**
- ✓ Além de arcar com obrigações e riscos previstos para o termo FOB, o vendedor contrata e paga frete, custos e seguro relativos ao transporte da mercadoria até o porto de destino combinado.
- ✓ Utilizável exclusivamente no transporte aquaviário (marítimo ou hidroviário).

6.2 NBS e INCOTERMS

- ✓ Os INCOTERMS definem custos e riscos das operações internacionais, inclusive referentes ao transporte da carga.

- ✓ São 11 os Incoterms e se dividem em grupos "E", "F", "C" e "D".

- ✓ Alguns relacionam-se com a condição de frete "collect" ou "a cobrar", e outros com frete "prepaid" ou "pré-pago".

- ✓ Os principais Incoterms relacionados com frete "prepaid": CFR, CPT, CIP, CIF, DDU, DDP e DAT.

- ✓ Já os casos "collect" são: EXW, FOB, FCA e FAS.

- ✓ Os Incoterms relacionados com a condição de pagamento "prepaid" espelham que o vendedor da carga é o efetivo contratante do frete e, por conseguinte, pagador deste serviço (na realidade o frete é considerado um intangível e não um serviço, mas é tratado como um serviço pelos contribuintes.

- ✓ Nas importações, os importadores devem registrar somente a aquisição de fretes internacionais na condição collect.
- ✓ Já nas exportações, os exportadores brasileiros deverão registrar as aquisições dos fretes na condição prepaid.

- ✓ Já nos casos de importações na condição prepaid ou exportações na condição collect, como os contratantes e pagadores do frete são os domiciliados no exterior, eximindo os brasileiros da obrigação do registro de aquisição de frete.

- ✓ Os importadores e exportadores jamais vendem frete. Se fossem vendedores de frete teriam que possuir em seu objeto social a venda de frete como atividade comercial e CNAE's correspondentes à esta atividade específica.

- **Ver:** Solução de Consulta da RFB nº 4.012, de 23 de fevereiro de 2015.

7. FORMAÇÃO DE PREÇO DE EXPORTAÇÃO

7.1 Mecânica do Retorno sobre Preço de Venda do Mercado Interno.

- **ACESSE**: Simulador do Preço de exportação:

    http://simuladordepreco.mdic.gov.br/

    http://simuladordepreco.mdic.gov.br/como-utilizar.html

    https://pt.santandertrade.com/expedicoes-internacionais/preco-de-exportacoes

7.1 O Simulador de Preço de Exportação adota o Método do Retorno sobre Preço de Venda do Mercado Interno.

1. Eliminam-se todos os componentes agregados ao preço de mercado interno e que não ocorrerão na exportação do produto (tributos agregados ao preço de mercado interno, lucro e embalagem de mercado interno, despesas de propaganda e distribuição no mercado interno, dentre outros);

2. Adicionam-se ao resultado anterior todos os componentes que deverão compor o preço de venda para o exterior (+ embalagem para exportação, transporte internacional, taxas aduaneiras, seguro internacional e outros).

3. Acrescenta-se o percentual do lucro desejado na exportação e a taxa cambial.

4. O lucro desejado na exportação é calculado sobre o PREÇO de exportação em moeda nacional e não sobre o CUSTO TOTAL
(= Preço no mercado Interno sem IPI (-) Componentes do preço no mercado interno (+) Componentes do preço de Exportação), o que significa dizer que o PREÇO equivale a 100%. Isto é, o PREÇO (100%) = CUSTO TOTAL (X%) + LUCRO (Y%), onde X + Y = 100. Esse cálculo ("por dentro") é feito mediante uma regra de três simples.

CALCULADORA DO PREÇO DE EXPORTAÇÃO

Natureza das despesas	Valores		Incoterm
Valor da mercadoria posto fábrica		0	Partida fábrica (**EXW**)
Total de despesas da fábrica para o porto ou aeroporto		0	
Despesas com formalidades alfandegárias à exportação		0	
Custo do carregamento no avião navio ou caminhão no terminal de origem		0	
Livre a bordo			FOB / FCA
Custo total do transporte internacional (ar, mar, terra)		0	
Custo do seguro no transporte internacional *		0	
Custo Seguro e Frete			CIF
Total de despesas na chegada no porto ou aeroporto		0	
Direitos alfandegários	0 %		
Taxas à importação	0 %		
Total das formalidades alfandegárias à importação (fixas)		0	
Custo do pós-encaminhamento do porto ou aeroporto para o comprador)		0	
Entrega com Direitos Pagos			DDP

* com base no valor CIF

Adaptado por Célia Mussi

- Acesse:

https://pt.santandertrade.com/expedicoes-internacionais/preco-de-exportacoes

8. MODALIDADES DE PAGAMENTOS NA EXPORTAÇÃO DE MERCADORIAS E SERVIÇOS

As formas de pagamento das exportações são:

8.1 Pagamentos na Exportação de Mercadorias

- Pagamento Antecipado
- - Remessa sem Saque
- - Cobrança Documentária
- - Carta de Crédito

- **Acesse:**
  http://www.mdic.gov.br/sistemas_web/aprendex/default/index/conteudo/id/174

8.1.1 Pagamento Antecipado

✓ O importador remete **previamente** o valor da transação, e **posteriormente** o exportador providencia a exportação da mercadoria e o envio da respectiva documentação.

Esta modalidade de pagamento não é muito frequente, pois coloca o importador na dependência do exportador.

O exportador deve providenciar o contrato de câmbio, antes do embarque, junto a um banco, pelo qual receberá reais em troca da moeda estrangeira, cuja conversão é definida pela taxa de câmbio vigente no dia.

8.1.2 Remessa sem Saque

✓ O importador recebe diretamente do exportador os documentos de embarque, sem o saque; promove o desembaraço da mercadoria na alfândega e, posteriormente, providencia o pagamento diretamente para o exportador.

Esta modalidade de pagamento é de alto risco para o exportador, uma vez que, em caso de inadimplência, não há nenhum título de crédito que lhe garanta a possibilidade de protesto e início de ação judicial.

No entanto, quando existir confiança entre o comprador e o vendedor, possui algumas vantagens, entre as quais:

- agilidade na tramitação de documentos;
- isenção ou redução de despesa

8.1.3 Cobrança Documentária

✓ A cobrança documentária é caracterizada pelo manuseio através dos bancos.

O exportador embarca a mercadoria e remete os documentos de embarque para o banco, que os remete para outro banco, na praça do importador, para que sejam apresentados para pagamento (cobrança a vista) ou para aceite e posterior pagamento (cobrança a prazo).

Os bancos intervenientes nesse tipo de operação são meros cobradores internacionais de uma operação de exportação, cuja transação foi fechada diretamente entre o exportador e o importador, não lhes cabendo a responsabilidade quanto ao resultado da cobrança documentária.

Para que o importador possa desembaraçar a mercadoria na alfândega, ele necessita ter em mãos os documentos apresentados para cobrança. Portanto, após retirar os documentos do banco, pagando à vista ou aceitando a cambial para posterior pagamento, o importador estará apto a liberar a mercadoria.

8.1.4 Carta de Crédito

✓ A Carta de crédito, ou crédito documentário, é a modalidade de pagamento mais usada no comércio internacional, pois oferece maiores garantias, tanto para o exportador como para o importador.

É uma ordem de pagamento condicionada, ou seja, o exportador só terá direito ao recebimento se atender a todas as exigências por ela convencionadas (discrepâncias).

É um instrumento emitido por um banco (emitente), a pedido de um cliente (tomador do crédito). De conformidade com instruções deste, o banco compromete-se a efetuar um pagamento a um terceiro (beneficiário), contra entrega de documentos estipulados, desde que os termos e condições do crédito sejam cumpridos.

Por termos e condições do crédito, entende-se: valor do crédito, beneficiário e endereço, prazo de validade para embarque da mercadoria, prazo de validade para negociação do crédito, porto de embarque e de destino, discriminação da mercadoria, quantidades, embalagens, permissão ou não para embarques parciais e para transbordo, conhecimento de embarque, faturas, certificados, etc.

9. FLUXOGRAMA DE EXPORTAÇÃO

✓ **As várias etapas do processo de exportação são:**

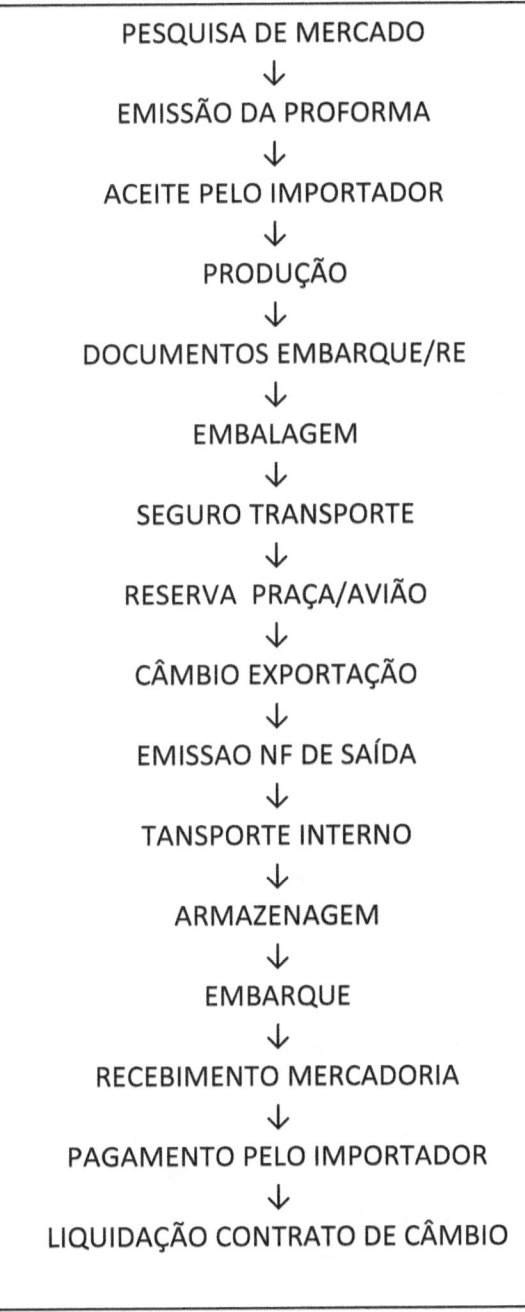

10. EMBALAGEM DE EXPORTAÇÃO

10.1 Características:

- Peso liquido
- Peso bruto
- M3 (cubagem) - C x L x H

    ✓ **Acesse** :
    www.arq.apexbrasil.com.br

10.2 Identificação

- Origem
- Destino
- Número da embalagem
- Peso da embalagem vazia: tara
- Peso total: embalagem mais produto
- Advertências conforme Norma NBR 7.500

10.3 Formas

10.3.1 Pallet

✓ Plataforma de madeira ou estrado destinado a suportar carga, fixada por meio de cintas, permitindo sua movimentação mecânica com o uso de garfos de empilhadeira.

10.3.2 Contêiner (cofre de carga):

✓ Construído de material resistente, destinado ao transporte de mercadorias com segurança, inviolabilidade e rapidez, permitindo facilmente o carregamento e descarregamento e adequado à movimentação mecânica e ao transporte por diferentes equipamentos.

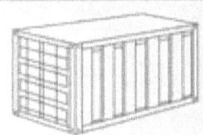

Contêiner 20'

20 Pés Standard 20'X8'X8'6"
Disponível para qualquer carga seca normal. Exemplos: bolsas, pallets, caixas, tambores, etc.

Tara: 2.230 kg / 4.920 lb
Carga Máxima: 28.250 kg / 62.280 lb
Máxima P.B.: 30.480 kg / 67.200 lb
Controle de temperatura: -30° e +30°

Medidas Internas

Comprimento: 5.900 mm / 19'4"
Largura: 2.350 mm / 7'8"
Altura: 2393 mm / 7'10"
Abertura da Porta Largura: 2.340 mm / 7'8"
Altura: 2.280 mm / 7'6"
Capacidade Cúbica: 33.2 m3 / 1.172 rf3

Contêiner 40'

40 Pés Standard 40'X8'X8'6"
Disponível para qualquer carga seca normal. Exemplos: bolsas, pallets, caixas, tambores, etc.

Tara: 3.720 kg / 8.200 lb
Carga Máxima: 28.750 kg / 63.450 lb
Máxima P.B.: 32.500 kg / 71.650 lb
Controle de temperatura: -30° e +30°

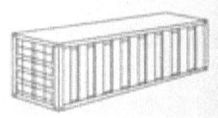

Contêiner 40' HC

40 High Cube 40'X8'X9'6"
Disponível para qualquer carga seca normal. Exemplos: bolsas, pallets, caixas, tambores, etc.

Tara: 3.900 kg / 8.600 lb
Carga Máxima: 28.600 kg / 63.050 lb
Máxima P.B.: 32.500 kg / 71.650 lb
Controle de temperatura: -30° e +30°

Medidas Internas

Comprimento: 12.032 mm / 39'6"
Largura: 2.352 mm / 7'9"
Altura: 2.698 mm / 8'10"
Abertura da Porta Largura: 2.340 mm / 7'8"
Altura: 2.585 mm / 8'5"
Capacidade Cúbica: 67.7 m3 / 2.390 rf3

✓ **Acesse:**

http://www.guiamaritimo.com/gm_wp/guiadeservicos/tipo-de-coneineres/

10.3.4 Tipos de Container

- Refrigerado
- Plataforma
- Graneleiro
- Tanque
- Open top

10.5 Instruções para embalagem

Frágil
Fragile
Handle with care

Sensível ao calor
No heat

Sensível à umidade
No moist
No wet

Não pode ser tombada
This end up
This side up
Handle with care

Não admite uso de guincho
No grapple

11. TRANSPORTES NA EXPORTAÇÃO

O relatório 'Desafios para a Integração Logística na América do Sul' ,elaborado pela CNI , calculou quanto do potencial exportador do Brasil tem sido frustrado pelas dificuldades de transporte.

A precariedade da malha de transporte nacional tem comprometido o potencial de exportação do Brasil com nove de seus 11 parceiros comerciais na América do Sul.

Por ano, cerca de US$ 1,5 bilhão em produtos manufaturados, como carros, têxteis e alimentos, deixa de entrar na conta de comércio com os países vizinhos por causa das péssimas condições de infraestrutura, seja em rodovias, portos ou ferrovias.

Historicamente, a Argentina responde por cerca de 40% do total das exportações brasileiras.

Atualmente, a principal rota usada para levar produtos manufaturados ao país vizinho é mesmo a rodovia (48% do total), seguida pelo transporte marítimo, com 45% do total, o fluvial que responde por 4%, o aéreo (2%) e ferroviário, este último com apenas 1% do total.

Se consideradas as exportações para os 11 países, o mar é o destino usado por 53% das cargas escoadas, seguido por rodovias (39%) e transporte aéreo (5%). Os demais 3% se dividem entre ferrovias e rios.

Os Principais Modais de Transporte utilizados na Exportação são:

- Modal Rodoviário
- - Modal Ferroviário
- - Modal Aquaviário
- - Modal Aéreoviario
- Modal dutoviario

11.1 Matriz de Transporte no Brasil:

Apresenta desequilíbrio entre modais com a necessidade de readequações.

É necessário promover maior competitividade e desenvolvimento econômico sustentável.

Modal	Brasil (%)*
Rodoviário	61,0
Ferroviário	21,0
Aquaviário:	13,5
Aeroviário:	0,5
Dutoviário:	4,0

*Fonte: Revista CNT nº 240, setembro, 2015

11.2 Características dos Modais de Transporte

- **Rodoviário**: curtas distancias, flexível, ponta, carga plena ou fracionada, maior frequência, serviço porta à porta.

- **Ferroviário**: longas distancias, lento, fixo, matérias primas ou manufaturados de baixo valor, carga plena ou parcelada, unitizada.

- **Aéviario**: muito rápido, alto valor agregado, baixo índice danos, próprio ou contratado.
Marítimo: lento. Grandes volumes, baixo valor agregado, unitizado.

- **Hidroviário**: baixo custo, longas distancias, grandes volumes, baixo valor, unitizada, graneis.

- **Dutoviário**: baixo custo, fixo, graneis líquidos, longas distancias, medianamente rápido.

- **Multimodal / intermodal**: associação de vantagens e flexibilidade, configuração ideal, busco ótimo, melhora custos de transporte das empresas.

11.3 Custos comparativos dos Modais

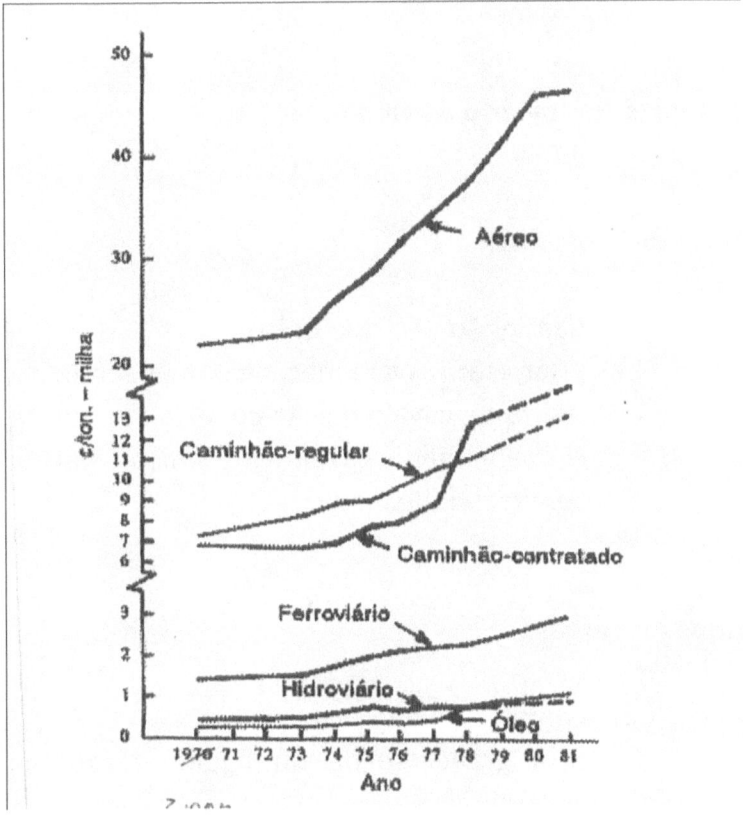

✓ Fonte : UFRJ, 2013

Modos de Transporte:

a. **Terrestre ANTT**
   - Rodoviário
   - Ferroviário
   - Dutoviário

b. **Aquaviário: ANTAQ**
   - Fluvial
   - Lacustre
   - Marítimo

c. Aéreo: ANAC

- Aéreo

11.2 Transporte Rodoviário de cargas

11.2.1 Tipos de veículos:

- ✓ Caminhão: (veículo único).
- ✓ - Carreta: cavalo mecânico mais semirreboque.
- ✓ - Bitrem: cavalo mecânico mais duas partes.
- ✓ - Treminhão: cavalo mecânico mais carreta mais semirreboque.

11.2.2 Tipos de Cargas:

- ✓ - Carga geral.
- ✓ - Carga à granel solida ou líquida (produtos agrícolas e líquidos perigosos).

11.2.3 Vantagens:

- ✓ - Maior agilidade e flexibilidade,
- ✓ - Facilidade de substituição do veículo em caso de acidente ou quebra.
- ✓ - Carga plena ou fracionada.
- ✓ - Maior frequência e disponibilidade de vias de acesso
- ✓ - Serviço porta a porta.
- ✓ - Simplicidade no atendimento das demandas e agilidade no acesso ás cargas.
- ✓ - Menor manuseio da carga e menor exigência de embalagem.

Ideal para viagens de curta e média distância (competitivo até 300 km).

11.2.4 Desvantagens:

- ✓ - Curtas distancias, menos competitivo para longas distâncias.
- ✓ - Menor capacidade de carga entre todos modais.
- ✓ - Transporte ponta.
- ✓ - Frete muito alto para mercadorias de baixo valor agregado (commodities agrícolas, fertilizantes, minérios).
- ✓ - Mais adequado a mercadorias de maior valor agregado, como produtos industrializados.

11.2.5 Tendências:

- ✓ - Transferência de cargas da rodovia para ferrovia;
- ✓ - Veículos maiores no transporte de cargas para aumentar produtividade.

Desafios:
- ✓ - Melhoria do estado de conservação das estradas,
- ✓ - Custos de manutenção dos veículos,
- ✓ - Segurança das estradas devido a roubos de cargas,
- ✓ - Qualificação dos motoristas.

11.2.6 Composição:

- - Frete básico: tarifa x peso da mercadoria. (Se a carga for "volumosa", pode-se considerar o volume no lugar do peso),

- - Taxa *ad-valorem*: percentual cobrado sobre o valor da mercadoria;
- -Seguro rodoviário obrigatório: percentuais aplicados sobre o preço FOB da mercadoria.

O usuário deve consultar a transportadora para conhecer quais cláusulas da apólice de seguro dão cobertura e quais ele deve complementar com sua seguradora.

11.2.7 MIC /DTA: – Manifesto Internacional Carga Rodoviária / Declaração Trânsito Aduaneiro

- ✓ Para o transporte rodoviário entre os países do Mercosul, foi criado o documento conjunto MIC/DTA, Formulário único, que faz a combinação entre os dois documentos.

- ✓ **DTA** - documento que permite transferência de desembaraço da mercadoria da zona primária para a zona secundária. Eliminam-se atrasos no cruzamento da fronteira, tornando tempo de viagem mais curto.

Obras Rodoviárias: Situação atual dos principais projetos

Obras nos Estados **Situação atual**

- ✓ Trecho da ferrovia entre Açailândia e Barcarena* PA/MA/TO/GO
    Em audiência pública
- ✓ Trecho da ferrovia entre Três Lagoas e Estrela d'Oeste** GO/SP/MS Em audiência pública
- ✓ Trecho da ferrovia entre Lucas do Rio Verde e Miritituba MT/PA   Audiência pública encerrada
- ✓ Trecho da ferrovia entre Rio de Janeiro e Vitória RJ/ES Audiência pública encerrada

- ✓ Ferrovia Bioceânica, ligando Goiás ao Acre e, de lá, ao PeruGO/MT/RO/AC -   Em estudo

- ✓ Ampliação das BR-476/153/282/480, entre Chapecó e Lapa   PR/SC
    Aprovado pelo TCU

- ✓ Ampliação da BR-364, de Jataí a BR-153   GO/MG
    Em audiência pública
- ✓

- ✓ Ampliação da BR-364 entre Rondonópolis e Goiânia   MT/GO
  Aprovado pelo TCU

- ✓ Ampliação da BR-163 entre Sinop e Itaituba   MT/PA
  Em audiência pública

Planilhas Referenciais de Custos da NTC

Verfique se o valor que você cobra pelo frete, realmente, cobre seus custos e ainda te traz lucro.

As Planilhas Referenciais de Custos são de fácil utilização e fornecem, com precisão, os custos do transporte de cargas por distância e tonelada, de acordo com a especialidade do transporte.

- ✓ ¬ Transporte de Grãos
- ✓ ¬ Transporte de Contêineres
- ✓ ¬ Transporte de Carga Fracionada
- ✓ ¬ Transporte Internacional de Carga Seca
- ✓ ¬ Transporte de Carga Lotação
- ✓ ¬ Transporte de Granéis Sólidos por Silos
- ✓ ¬ Transporte de Carga Frigorífica
- ✓ ¬ Evolução do preço dos Insumos (pneus, combustível, etc)
- ✓ ¬ Transporte de Carga Líquida e Perigosa
- ✓ INCT - Índice Nacional de Custos do Transporte

- ✓ Acesse o CD-ROM com as Planilhas Referenciais de Custos da NTC: http://www.ntctec.org.br/

--
http://mail.uol.com.br/?xc=d9242b015187a0b4202f12d491791a96#/webmail/0//INBOX/page:1/MTIwNzcz

11.3 Transporte Ferroviário

- ✓ É fundamental para infraestrutura nacional. Reduz o custo do transporte, torna escoamento da produção mais inteligente, aprimora as atuais demandas e as novas condições tecnológicas/ econômicas do transporte,
- ✓ É preciso pensar a integração dos modais.
- ✓ Desequilíbrios nas regulamentações garantem vantagem competitiva indevida a setores e aumentam distorções da matriz nacional de transporte.

11.3.1: Tendências

- **2015** - Participação Matriz ferroviária: 21%,
- **2023** - Participação Matriz ferroviária: 32%.
- **Malha ferroviária**: 28.476 km para 48.732 km.

- Faltam vagões para transportar CTR 20 ft.

11.3.2 Vantagens e Desvantagens:

Vantagens:

- ✓ Adequado: longas distâncias, grandes quantidades, menor custo do seguro,
- ✓ Menor custo de frete e barateamento custo logístico,
- ✓ Escoamento mais inteligente da produção para centros de consumo e portos de exportação.

Desvantagens:

- ✓ - Diferença na largura das bitolas,
- ✓ - Estreita (80%) menor velocidade
- ✓ -Larga (20%) maior velocidade

- Menor flexibilidade no trajeto (fixo)

11.2.3 Desafios

- ✓ - Aumentar malha com participação da iniciativa privada.
- ✓ - Aumentar velocidade média de 25 km/hora (eficiência) tempo é valor!
- ✓ - Estimular indústria ferroviária nacional
- ✓ - Formar MO qualificada.
- ✓ - Implantar transporte intermodal
- ✓ - Aumento do poder da VALEC, passando a administrar infraestrutura ferroviária, e acabando com monopólio das concessões.

11. 3.4 Frete Ferroviário

- ✓ O transporte ferroviário é lento e não possui tantas vias de acesso quanto o rodoviário, porém é mais barato, propiciando menor frete, transporta quantidades maiores e não está sujeito a riscos de congestionamentos.

A participação do transporte ferroviário do Brasil com os países latino-americanos é pequena, sendo os principais entraves a diferença de bitola e a baixa quantidade de vias férreas. Argentina, Uruguai, Bolívia.

11.3.5 O frete ferroviário é baseado em dois fatores:

- - quilometragem percorrida: distância entre as estações de embarque e desembarque;
- - peso da mercadoria.

O frete ferroviário é calculado por meio da multiplicação da tarifa ferroviária pelo peso ou volume, utilizando-se aquele que proporcionar maior valor.

Não incidem taxas de armazenagem, manuseio ou qualquer outra. Podem ser cobradas taxa de estadia do vagão e taxa administrativa pelo transbordo.

11.3.6 BNDES Pró-Estruturação de Projetos: apoio à estruturação de projetos de infraestrutura para novas concessões:

O Banco Nacional de Desenvolvimento Econômico e Social (BNDES) criou linha de apoio à estruturação de projetos de infraestrutura, com orçamento inicial de R$ 200 Milhões.

A linha BNDES Pró-Estruturação de Projetos financia a elaboração de projetos de parcerias público-privadas (PPPs) e de concessões no setor de infraestrutura da União, Estados e municípios, e é destinada a empresas de consultoria de engenharia especializadas.

O valor máximo de apoio por projeto será de R$ 15 milhões.

Para o BNDES, um dos gargalos para o investimento em infraestrutura é a ausência de bons projetos. Em muitos casos, esta escassez está relacionada a restrições técnicas e financeiras do setor público na preparação dos estudos necessários para licitar as PPPs e concessões.

11.3.7 Vale: malha ferroviária de 7 mil km

- ✓ O Sistema logístico da VALE é formado por mais de 7 mil km de malha ferroviária e 12 terminais portuários (8 para carga geral), 44.853 vagões e 1.059 locomotivas.
- ✓ Responde por 58% do total de cargas transportadas por ferrovia no Brasil. Movimentou em 2015, 46 milhões de toneladas transportadas

O Sistema ferroviário da Vale – VLI é composto por:

- ✓ Estrada de Ferro Carajás - EFC
- ✓ Ferrovia Norte Sul – FNS – - A Ferrovia Norte-Sul será a espinha dorsal do nosso sistema ferroviário e se destaca como importante rota de exportação, sua concessão à iniciativa privada vem permitindo o surgimento de um importante corredor logístico de escoamento da produção.

- ✓ Ferrovia Norte Sul – FNS em construção
- ✓ Estrada de Ferro Vitória a Minas
- ✓ Ferrovia Centro Atlântica (FCA)
- ✓ Corredor Centro-Leste – TERMINAL ARAQUARI
- ✓ Corredor Centro-Sudeste – TI GUARA
- ✓ Corredor Centro-Norte - TEGRAN
- ✓ Corredor Minas-Rio
- ✓ Corredor Minas-Bahia

11.3.8 Comparativo Caminhão X Trem.

- 1 Caminhão = 28 toneladas
- 1 vagão = 3,57 caminhões

11.4 Transporte Marítimo

11.4.1 Tipos:
- - Longo curso (internacional)
- - Cabotagem (costa brasileira)

11.4.2 Tipos de carga:

- ✓ - Carga geral
- ✓ - Carga a granel
- ✓ - Carga frigorificada
- ✓ - Carga perigosa
- ✓ - Neo-granel

11.4.3 Tarifa do Frete Marítimo

A tarifa marítima é composta:

- **Frete básico:** valor cobrado segundo o peso ou o volume da mercadoria (cubagem), prevalecendo sempre o que propiciar maior receita ao armador;

- **Sobretaxa de combustível (bunker):** percentual aplicado sobre o frete básico, destinado a cobrir custos com combustível;

- **Taxa para volumes pesados (heavy lift charge):** valor de moeda atribuído às cargas cujos volumes individuais, excessivamente pesados (normalmente acima de 1.500 kg), exijam condições especiais para embarque/desembarque ou acomodação no navio;

- **Taxa para volumes com grandes dimensões (extra length charge):** aplicada a mercadorias com comprimento superior a 12 metros;

- **Sobretaxa de congestionamento (port congestion surchage):** incide sobre o frete básico, para portos onde existe demora para atracação dos navios;

- **Fator de ajuste cambial - CAF (currency adjustment factor):** utilizado para moedas que se desvalorizam sistematicamente em relação ao dólar norte-americano;

- **Adicional de porto:** taxa cobrada quando a mercadoria tem como origem ou destino porto secundário ou fora da rota.

Com a queda da economia mundial os custos para Ásia e Europa se reduziram. Alguns destinos caíram 50%.

Os fretes praticados na rota da Ásia para a Costa Leste da América do Sul atingiram a sua menor tarifa em seis anos, enquanto a demanda dos navios por cargas conteinerizadas aumentou, de acordo com as estatísticas publicadas recentemente pelo Datamar. O volume de cargas transportado da América do Sul para a Ásia caiu nada menos do que 32% em novembro de 2015.

11.4.4 Lotebox: Aplicativo para compartilhamento de espaço em container

Usado para exportar e importar. Estudo concluiu que o principal meio de transporte utilizado no comércio internacional é o transporte marítimo, com utilização de contêineres e o índice de ocupação do container e de 74,6%

Pequenas e medias empresas tem dificuldade em pagar espaços nos contêineres. - O aluguel de um container da China até Santos custa R$ 4.000,00.

O sistema calcula a melhor maneira de aproveitar os espaços e além de oferecer aos usuários cadastrados a possibilidade de compartilhar o container com outras empresas e economizar nos custos de transporte.

A Lotebox cobra 10% do valor do frete de cada transação. Busca encontrar espaços nos contêineres transportados em navios pelo mundo

A empresa tem um software para evitar o desperdício de espaço nos contêineres e ainda quer ajudar pequenos e médios importadores a economizar no transporte de mercadorias.

A LoteBox surgiu durante o Startup Weekend Recife evento para empreendedores conceberem a ideia e o modelo de negócio de uma empresa que aproveitasse a presença do Porto de Suape, um dos maiores do país localizado no Pernambuco.

- **ACESSE :** http://www.lotebox.com/users/register

11.4.5 Vale: Terminais Marítimos

As operações da Vale estão localizados nos cinco continentes. Para integrá-los, conta com uma rede de portos e terminais conectados por meio de ferrovias.

Tem portos com calado profundo, aptos para receber os Valemax, os maiores navios mineraleiros do mundo, com capacidade para 400 mil toneladas de minério. Para atender os portos menos profundos, dispõe de Estações de Transferência Flutuante, onde o minério é passado dos navios Valemax para navios menores.

Essa cadeia de logística integrada permite reduzir o número de viagens realizadas, principalmente entre Brasil e Ásia, diminuindo não apenas custos e tempo, mas também emissão de gases poluentes.

Opera estruturas portuárias na Argentina, no Brasil, na Indonésia, na Malásia e em Omã, atendendo também serviço de carga para terceiros.

Terminais no Brasil:

- **Terminal Marítimo Ponta da Madeira, Porto de Itaqui**, no estado do Maranhão, tem capacidade de acomodar cinco navios. Usado para movimentar principalmente minério de ferro, e também minério de manganês, concentrado de cobre e ferro-gusa produzidos pela Vale e ferro-gusa e grãos de soja de terceiros.

- **- Terminal Marítimo Inácio Barbosa, estado de Sergipe**, pertence à Petrobras e é operado pela Vale. Usado para movimentar combustível, produtos agrícolas e aço.

- **-Terminal de Itaguaí Localizado no Porto de Sepetiba,** no estado do Rio de Janeiro, é operado por uma subsidiária própria, a Cia. Portuária Baía de Sepetiba (CPBS). Usado para movimentar minério de ferro.

- **Terminal de Ilha Guaíba Localizado na Ilha Guaíba, na baía de Sepetiba,** no estado do Rio de Janeiro, é usado para movimentar minério de ferro.

- **Porto de Aratu e o Porto de Salvador**

- **Complexo Portuário de Tubarão no estado do Espírito Santo,** com quatro terminais marítimos: Minério de ferro; Praia Mole, Produtos diversos e Granéis líquidos. Usado para movimentar minério de ferro e pelotas; carvão, grãos e fertilizantes e líquidos a granel.

- **Terminal de Santos Localizado em Santos, no estado de São Paulo,** é operado pela subsidiária Vale Fertilizantes. É usado para movimentar amoníaco e granéis sólidos.

11.4.6 Vale: Corredores Integrados Terminal – Ferrovia - Porto

- ✓ **Corredor Norte: ferrovias e portos -** para fronteiras agrícolas do MAPITO e parte do Mato Grosso. É um novo Eldorado, local estratégico para os produtores de soja e de commodities agrícolas. A região abrange terras do Maranhão, Tocantins e Piauí que convergem num planalto de terras agricultáveis e de chuvas regulares. Nos últimos anos, tem acolhido empresas agrícolas com atividades como o plantio da soja, de milho e algodão.

- ✓ **Corredor Nordeste:** ferrovia e portos para as exportações de commodities (grãos e minerais)

- ✓ **Corredor Sudeste:** ferrovias e portos

- ✓ **Corredor Paulista: ferrovia e porto)** para exportar grãos, açúcar e fertilizantes pelo Porto de Santos.

Os corredores atendem a cargas agrícolas, acessando os portos de Vitória (ES), Santos (SP) e Itaqui, São Luís (MA).

Cerca de 33% da receita da empresa é proveniente da movimentação de cargas do agronegócio brasileiro.

Movimenta 13% das exportações de grãos brasileiras por suas ferrovias e portos (Vitória e São Luís)

Movimenta 6% das importações de fertilizantes e papel relevante na movimentação de matérias-primas para a produção de fertilizantes no País

Escoou 5% das exportações de açúcar brasileiras via FCA para o porto de Santos. Movimentou mais de 2 milhões de toneladas de produtos florestais em nossas ferrovias

Participa da distribuição de etanol no mercado interno entre as principais regiões produtoras e consumidoras.

11.5 Transporte Aéreo de Cargas

- **Classificação das Tarifas:**

a. **Tarifa geral de carga: KG**

a1. **Minimum Charge** – valor mínimo do frete conforme área

a2. **Tarifas normais até 45 kg**

a3. **Tarifas de quantidade** – maior quantidade menor o frete (faixa 1 - maior que 45 kg até 100 kg)

b. **Tarifas ULD – Container e Pallet**

c. **Tarifas específicas** – embarques regulares

d. **Tarifas classificadas** – descontos /sobretaxa sobre tarifa geral.

11.4.1 Tipos de Tarifas

- **Tarifa mínima**: representa o valor mínimo a ser pago pelo embarcador.

- **Tarifa geral de carga** (general cargo rates)

- **Tarifa normal**: aplicada aos transportes de até 45 kg;

- **Tarifa de quantidade**: para pesos superiores a 45 kg;

- **Tarifa classificada (class rates)**: percentual adicionado ou deduzido da tarifa geral, quando do transporte de mercadorias específicas (produtos perigosos, restos mortais e urnas, animais vivos, jornais e periódicos e cargas de valor, assim consideradas aquelas acima de US$ 1000/kg).

- **Tarifas específicas de carga (specific commodity rates)**: são tarifas reduzidas aplicáveis a determinas mercadorias, entre dois pontos determinados (transporte regular). Possuem peso mínimo;

- **Tarifas ULD (Unit Load Device)**: transporte de unidade domicílio a domicílio, aplicável a cargas unitizadas, em que o carregamento e o descarregamento das unidades ficam por conta de remetente e destinatário (prevista a cobrança de multa por atraso por dia ou fração até que a unitização esteja concluída).

- **Situação das Obras de Rodovias, Ferrovias, Aeroportos e Terminais**

SITUAÇÃO ATUAL

OBRA	Estudo não iniciado	Em estudo	Em audiência pública	Audiência pública encerrada	Aprovados pelo TCU	Leilão marcado para junho	Leiloado	Investimento previsto, em R$ bi
1 BR-267, de Nova Alvorada a Presidente Epitácio	■							2,0
2 BR-262, de Campo Grande a Três Lagoas	■							2,5
3 Ferrovia Bioceânica, ligando Goiás ao Acre e, de lá, ao Peru		■						40,0
4 Ampliação da BR-101/232, de Cruzeiro ao Arco Metropolitano		■						4,2
5 Ampliação da BR-101, de Feira de Santana a Guandu		■						1,6
6 BR-381/262, de Belo Horizonte a Vitória		■						1,9
7 BR-101/493/456, de Ubatuba a Magé		■						3,1
8 Ampliação da BR-470/282, Região Agroindustrial ao Porto		■						3,2
9 Ampliação da BR-280, de Porto União a São Francisco do Sul		■						2,1
10 BR-101, de Palhoça à Fronteira com RS		■						1,1
11 BR-101/116/290/386, Carazinho, Camaquã, Osório a Porto Alegre		■						3,2
12 BR-364, de Porto Velho a Comodoro		■						6,3
13 6 terminais portuários (dois em SP, dois em PE, RJ, SC)		■						Indefinido
14 Trecho da ferrovia entre Açailândia e Barcarena*			■					7,8
15 Trecho da ferrovia entre Lucas do Rio Verde e Miritituba			■					9,9
16 Ampliação da BR-364, de Jataí a BR-153			■					3,1
17 Ampliação da BR-163 entre Sinop e Itaituba			■					6,6
18 Trecho da ferrovia entre Três Lagoas e Estrela d'Oeste**				■				4,9
19 Trecho da ferrovia entre Rio de Janeiro e Vitória				■				7,8
20 20 terminais em portos de Santos e região de Belém					■			2,3
21 Ampliação das BR-476/153/282/480, entre Chapecó e Lapa					■			4,5
22 Ampliação da BR-364 entre Rondonópolis e Goiânia					■			4,1
23 Aeroporto de Porto Alegre						■		2,5
24 Aeroporto de Florianópolis						■		1,1
25 Aeroporto de Salvador						■		3,0
26 Aeroporto de Fortaleza						■		1,8
27 6 terminais em portos na região de Belém						■		1,8
28 3 terminais no porto de Santos							■	0,6

11.5 Transporte Intermodal

✓ É o Transporte de mercadoria por modalidades, utilizando duas ou mais um ou vários documentos.

Quando uma mercadoria é transportada por um único veículo capaz de utilizar dois ou mais modais de transporte.

Vários Transportadores x Vários documentos

Exemplos de operação intermodal: Tocantins, dois novos terminais intermodais de grãos.

Fonte : Portal Brasil E Ministério dos Transportes, 2016

O Estado do Tocantins inaugurou, dois novos terminais intermodais (integrando transportes rodoviário, ferroviário e portos), que permitirão um aumento no volume de grãos transportados com destino ao Porto de Itaqui, no Maranhão. Tratam-se unidades operadas pela empresa VLI, que receberam investimento de R$ 264 milhões.

Os ativos destinados ao transbordo e armazenagem de grãos estão localizados nas cidades de Porto Nacional e Palmeirante e fazem parte da estratégia da VLI para alavancar o crescimento do corredor logístico Centro-Norte. Trata-se de uma importante fronteira de produção agrícola, que engloba os Estados do Tocantins e Maranhão.

As unidades seguem o modelo dos terminais integradores implantados pela VLI em outras regiões do Brasil e funcionam como polos concentradores de carga, aumentando a agilidade do escoamento de produtos pela ferrovia até o porto.

Juntos, os novos empreendimentos terão capacidade para movimentar por ano cerca de seis milhões de toneladas de produtos como soja, milho e farelo, adicionando mais capacidade de movimentação para o corredor Centro-Norte e representando uma alternativa de escoamento em larga escala para a produção agrícola brasileira.

- ✓ Exportação de milho/ Etanol pelo terminal intermodal de Pirapora - MG (galpões e silos)

O Pró-Noroeste tem por objetivo promover o crescimento agrícola sustentável da região. A produção de grãos a ser exportada é levada para o terminal e, de lá, segue por ferrovia até o porto de Vitória, no Espírito Santo.

Para facilitar o acesso entre os municípios produtores do Noroeste do Estado e o terminal da região Norte, o Governo de Minas está pavimentando várias rodovias da região. Cerca de 600 quilômetros de estradas já foram asfaltados recentemente pelo Governo do Estado.

A exportação de milho via terminal de Pirapora começou em 2010. Até então, os carregamentos que seguiam para o litoral eram de soja. O terminal poderá ainda ser utilizado para outros produtos, inclusive etanol

Além da ligação ferroviária até o litoral, o terminal conta com galpões e silos para armazenamento de 18 mil toneladas. O investimento da Vale/FCA neste corredor logístico para exportação de produtos agrícolas foi de R$ 300 milhões.]

Fonte: FCA. 2016

Terminal Intermodal de Pirapora da Ferrovia Centro-Atlântica (FCA)

ACESSE: www.fcasa.com.br

Cidades vizinhas: Couto de Magalhães de Minas, Serro, Conceição do Mato Dentro

11.7 Transporte Multimodal

11.7.1 Conceito

- ✓ Transporte de mercadorias por veículos diferentes em duas ou mais modalidades, utilizando um único documento de transporte e um único operador de Transporte Multimodal (OTM)
- ✓ Transportador: toda responsabilidade pelo transporte porta-a-porta.
- ✓ Toda responsabilidade pelo transporte sob um único operador logístico.
- ✓ CTMC- Conhecimento de Transporte Multimodal cargas.

11.7.1 Requisitos do Multimodal:

- ✓ Ser realizado por no mínimo 2 modais;
- ✓ Único responsável- OTM;
- ✓ Único contrato de transporte;
- ✓ Seguro de transporte;
- ✓ Cargas unitizadas e indivisíveis no transporte;
- ✓ Inspeções fiscais apenas na origem e destino.
- ✓ Prioridades em transportes
- ✓ Estruturar e priorizar corredores de exportação para acesso aos principais portos e acesso aos mercados de produção e consumo.
- ✓ Integrar os modais rodoviários, ferroviários aeroportuário e aquaviário formando rede logística integrada.
- ✓ Priorizar os modais ferroviário e hidroviário que apresentam custos mais baixos, não se esquecendo dos terminais e acessos.
- ✓ Resolver os entraves para o uso da operação multimodal com um único conhecimento de carga e uso de dois ou mais modais combinados.
- ✓ Aplicar os recursos do CIDE – combustível na infraestrutura de transportes.
- ✓ Priorizar a recuperação e preservar as estradas,
- ✓ Reduzir os níveis de ineficiência quanto á custos, tempo de viagens e acidentes.
- ✓ Fazer logística integrada
- ✓ Existe forte vinculação entre a infraestrutura e crescimento econômico.

11.7 Operador de Transporte multimodal- OTM

- **Base legal**: lei no.9.611 de 19/02/1998

- **Objetivo:** melhorar qualidade/ produtividade dos transportes.
- ✓ Executa operação não segmentada - serviço porta- a- porta.
- ✓ Pessoa Juridica realiza transporte multimodal origem até destino. Assume responsabilidade única pela execução, prejuízos, danos e avarias, atrasos entrega da carga.

- ✓ Regida por um único contrato de transporte utilizando duas ou mais modalidades de transporte.
- ✓ Compreende: coleta, transporte, consolidação / desconsolidação, movimentação, armazenagem e entrega carga ao cliente.
- ✓ A Lei nº 9.611/98, sobre o conhecimento de transporte multimodal (conhecimento único) não alcançou a abrangência esperada.

Para solucionar problema é necessário o aperfeiçoamento da legislação do ICMS no âmbito do CONFAZ bem como criar padrões e prazos para emissão do seguro transporte do OTM.- operador de transporte multimodal.

12. SEGURO DE TRANSPORTE INTERNACIONAL

12.1 Tipos de Apólice

- **- Apólice Avulsa**: por viagem, utilizada para exportações ocasionais;

- **- Apólice Flutuante**: composta de uma série de apólices por viagem, com validade de 12 meses. O valor da cobertura tem um teto máximo e uma franquia fixa. É mais adequada quando há um fluxo permanente de exportações;

- **Apólice Aberta**: cobre embarques que ocorrem com regularidade e com características conhecidas. Trata-se de um tipo apólice semelhante à anterior.

12.2 Informações para contratar Seguro:

- ✓ Descrição da mercadoria, inclusive sua denominação comercial e técnica, natureza, pesos bruto e líquido, tipo de embalagem (pallets, contêineres etc.), número de volumes (unidades de carga);
- ✓ - valor da mercadoria;
- ✓ - locais de embarque e de desembarque;
- ✓ - riscos a serem cobertos;
- ✓ - veículo de transporte, arranjo da carga e formas de manuseio;
- ✓ - valor do seguro;
- ✓ - outros dados.

11.3 Incidência

- ✓ - Seguro sobre valor FOB da mercadoria
- ✓ - Seguro sobre valor CIF da mercadoria
- ✓ - Seguro all risks sobre valor CIF + 10%

11.4 Seguro All Risks + GGM (guerra, greve e motim)

- ✓ Cobre todos os danos do embarque até a entrega da carga em seu destino final. Uma apólice all risks significa que todo e qualquer evento está coberto, à exceção daqueles que são citados expressamente como excluídos. Isso quer dizer que todos os eventos ausentes da lista de excluídos têm cobertura do seguro.

Também é possível contratar coberturas adicionais para guerras, greves, tumultos, despesas, frete, impostos, lucros esperados para a mercadoria que estiver destinada à revenda ou industrialização e deterioração de carga, entre outras.

- Acesse:

http://www.logisticananuvem.com.br/seguro-de-transporte-de-carga-cotacao/

13. FINANCIAMENTO DA EXPORTAÇÃO DE PRODUTOS E SERVIÇOS

O Financiamento da Exportação de produtos e serviços pode ser:

- **Privado**: ACC e ACE
- **Público**: PROEX, BNDES EXIM e PROGER

As Modalidades de Crédito são

- **PROEX**

✓ **Proex Financiamento:** Produtos e serviços
✓ **Proex: Equalização**: Produtos e serviços

- **BNDES EXIM:**

✓ Pré-embarque - bens e serviços
✓ Pós –embarque – bens e serviços
✓ Automático – pós- embarque – bens.

- **PROGER** – Produtos e Serviços

13.1 PROEX: Programa de Financiamento ás Exportações

- **Objetivo**:
  ✓ proporcionar às exportações brasileiras condições de financiamento equivalentes às do mercado internacional;

- ✓ Financia às exportações de bens e serviços, principalmente de pequenas e medias empresas;
- **Instrumentos legais:**
  - ✓ Lei nº 10.184/2001, e as Resoluções CMN nº 2.575/1998; nº 4.063/2012 e nº 4.335/2014; e Decreto nº 7.710/2012;
  - ✓ O agente financeiro para o PROEX: Banco do Brasil (BB).

- **Atribuições:**

  - ✓ enquadrar e acompanhar as operações do PROEX e do Fundo de Garantia à Exportação (FGE);

  - ✓ estabelecer os parâmetros e as condições para a concessão, pela União, de assistência financeira às exportações brasileiras e de garantia às operações no âmbito do seguro de crédito à exportação.

  - ✓ O Conselho de Ministros da Câmara de Comércio Exterior (CAMEX) define as diretrizes e os critérios que norteiam as decisões do COFIG

- **Fases e Modalidades :**

✓ Promove exportações, em sua fase de comercialização e pós-embarque, em duas modalidades de crédito: financiamento e a equalização.

- **Bens e Serviços financiados pelo PROEX:**

- **Anexo I:** **bens elegíveis** (por código NCM), sendo que praticamente toda a pauta de bens está contemplada, com exceção das commodities.

- **Anexo II:** diferentes tipos de **serviços** cuja exportação pode ser apoiada pelo PROEX, como por exemplo: serviços de manutenção e reparação de máquinas e equipamentos, contabilidade, consultoria, serviços jurídicos, e outros.

13.1.1 PROEX Financiamento:

- ✓ É o financiamento direto ao exportador brasileiro, que recebe o valor da exportação à vista, oferecendo ao importador prazo para o pagamento.
- ✓ provê financiamento direto ao exportador brasileiro, ou ao importador, com recursos do Tesouro Nacional.

- **Fonte de Recursos:** Tesouro Nacional
- **Público Alvo:**

- ✓ Pequenas e médias empresas com faturamento anual até R$ 600 milhões
- ✓ Compromissos governamentais decorrentes de negociações bilaterais.

- **Subvenção:** Concessão de crédito à taxa Libor
- **Instâncias de aprovação:**

- ✓ **COFIG:** Aprova operações do setor aeronáutico e operações de financiamento cujo montante é superior a US$ 20 milhões.
- ✓ **Banco do Brasil:** Aprova operações enquadradas nos dispositivos regulamentares, até o valor de US$ 20 milhões, exceto operações do setor aeronáutico.

- **Utilização:**

- ✓ Empresas brasileiras exportadoras de bens e serviços com faturamento bruto anual de até R$ 600 milhões.

- **Garantia:**
  - ✓ O exportador deve apresentar Carta de Crédito, Aval, Fiança, ou o Seguro de Crédito à Exportação, obtido junto à Seguradora Brasileira de Crédito à Exportação – SBCE.

- **Modalidades de apoio à Exportação:**
  - ✓ Financiamento e Equalização.

- **Parâmetros do PROEX Financiamento: (exceto Modalidade Concessional)**

    ✓ Prazo máximo do financiamento: 10 anos;
    ✓ Parcela financiável: até 100%, em operações até dois anos; até 85%, em operações com prazo superior a dois anos, respeitando o índice de nacionalização (IN) da exportação.

    ✓ Índice de nacionalização (IN) da exportação:

    > IN igual ou superior a 60% - 100% sobre o valor da exportação
    > IN inferior a 60% - IN + 40% = X% sobre o valor da exportação

- **PROEX Financiamento: Modalidade Concessional**

✓ Condições Gerais (Resolução CMN nº 4.335, de 26 de maio de 2014):
✓ Financiamento a países, projetos e setores com limitações de acesso a financiamento de mercado;
✓ Operações aprovadas diretamente pelo COFIG, sem limite de faturamento do exportador;
✓ As operações estão limitadas a até 25% da dotação orçamentária anual do PROEX/Financiamento.

✓ Parâmetros do Financiamento:
    ✓ Definidos pela STN para atingir o nível de Concessionalidade de até 35%.
    ✓ Prazo máximo do financiamento: 25 anos;
    ✓ Carência máxima: 10 semestres;
    ✓ Taxa de juros: não inferior a 0,5% a.a.

- **Cálculo da Concessionalidade:**

$$D = \frac{VF - VP}{VF}$$

D = desconto a ser concedido
VF = valor de face das exportações;
VP = valor presente dos pagamentos previstos no cronograma de amortização, com base em taxa de desconto aplicada pelos organismos multilaterais.

- ✓ Os bens e serviços elegíveis estão na Resolução CAMEX nº126/12/2013.

Se a exportação é elegível ao PROEX, o exportador deve, depois de finda a negociação com o importador e a definição da garantia, realizar o Registro de Operação de Crédito – RC no Sistema Integrado de Comércio Exterior – SISCOMEX, onde solicita o enquadramento no PROEX. Cabe ao Banco do Brasil S.A a aprovação do RC, com a consequente concessão da habilitação da operação no PROEX.

13.1.2 Vantagens do PROEX

- ✓ Concessão de prazo para pagamento ao importador, com recebimento à vista pelo exportador.

- ✓ Rapidez na aprovação do financiamento pelo Banco do Brasil.

- ✓ Não há limite mínimo de valor ou de quantidade de mercadoria por operação ou embarque.

- ✓ A eventual desistência de operação aprovada no PROEX não gera ônus para o exportador.

- ✓ As exportações de bens podem ser negociadas em qualquer condição de venda (INCOTERM).

- ✓ Portaria Secex Nº 42, de 7/12/2011 dispensa o Registro de Exportação (RE) para operações financiadas com recursos do PROEX, até o limite de US$50.000,00 ou o equivalente, quando a exportação for efetuada por meio de Declaração Simplificada de Exportação - DSE, sendo obrigatório o preenchimento do Registro de Crédito - RC.

13.1.3 MDIC- Manual do Programa de Financiamento às Exportações

- ✓ Com exceção das commodities, diversos bens estão contemplados entre os itens elegíveis do Proex, abrangendo quase todo o restante da pauta de exportações. Diferentes serviços também podem ser apoiados pelo programa, como, por exemplo, serviços de manutenção e reparação de máquinas e equipamentos, contabilidade, consultoria e serviços jurídicos.

  - **Anexo I: Produtos Elegíveis:**
    - Fase Pós-Embarque

  - **Anexo II: Serviços Elegíveis:**
    - Fase de Comercialização

  - **ACESSE:**

  http://www.mdic.gov.br/arquivos/dwnl_1333649393.pdf

13.1.2 PROEX Equalização

- ✓ Apoia as exportações de empresas de qualquer porte, em financiamentos concedidos pelo mercado financeiro, por

intermédio de bancos múltiplos, comerciais, de investimento e de desenvolvimento, sediados no país ou no exterior, públicos ou privados.
- ✓ O PROEX assume parte dos encargos financeiros, tornando-os equivalentes àqueles a que os concorrentes das empresas brasileiras têm acesso.
- ✓ Características do financiamento (prazo e percentual financiável, taxa de juros e garantias) pactuadas entre as partes.
- ✓ O beneficiário da equalização é a instituição financiadora da exportação brasileira. A equalização é paga ao financiador por intermédio da emissão de Notas do Tesouro Nacional.
- ✓ A equalização pode ser concedida nos financiamentos ao importador, para pagamento à vista ao exportador brasileiro, e nos refinanciamentos concedidos ao exportador.

- **Instâncias de aprovação:**

  - COFIG: Aprova operações do setor aeronáutico, obras de infraestrutura e demais operações quando necessário.
  - BB: Aprova operações enquadradas nos dispositivos regulamentares, sem limitação do valor de dispêndio de equalização.

- **Fonte de Recursos: Recursos próprios da instituição financeira**

- **Público Alvo:**
  - Grandes empresas, por intermédio de bancos múltiplos, comerciais, de investimento, residentes ou domiciliados no país;
  - Estabelecimentos financeiros ou de crédito situados no exterior.

- **Subvenção**: Equalização de taxas de juros

- **Parâmetros da Equalização:**
  - ✓ Limitada ao prazo máximo de 15 anos;

- ✓ ☐ Percentual de até 2,5% a.a.;
- ✓ Até 100% da parcela do financiamento, conforme o índice de nacionalização (IN) da exportação:

> IN igual ou superior a 60% = 100% sobre o valor da exportação
> IN inferior a 60% - IN + 40% = X% sobre o valor da exportação

- **Forma de Pagamento da Subvenção:**
  - ✓ A equalização é paga em Notas do Tesouro Nacional da série I (NTN-I), título com valor nominal atualizado pela variação cambial;
  - ✓ Os agentes não participantes do SELIC devem firmar contrato com banco participante desse Sistema.
  - ✓ A instituição financeira tem o prazo de até 1 ano para solicitar emissão de NTN-I, após o embarque/faturamento ou a data do crédito em conta corrente do exportador, o que por último ocorrer.

- **Contate: Gerência de Operações Fomento às Exportações - GEFEX gefex.copec.df.stn@tesouro.gov.br**

13.1. 3 Mais Alimentos Internacional (PMai): países africanos **Máquinas e Equipamentos para Mecanização Agrícola**.

- ✓ O Programa Mais Alimentos Internacional tem dois objetivos:
- ✓ estabelecer uma linha de crédito concessional para o financiamento de exportações brasileiras de máquinas e equipamentos destinados à agricultura familiar e
- ✓ fornecer apoio a projetos de desenvolvimento rural para o fortalecimento da produção da agricultura familiar por meio da cooperação técnica e do intercâmbio de políticas públicas.

- ✓ O Programa Mais Alimentos Internacional – MAI apoia estratégias de mecanização agrícola, especialmente de países africanos. O programa tem como base a exportação de máquinas e equipamentos brasileiros, e a transferência de pacotes tecnológicos e o estímulo à agricultura familiar.

- **Produtos exportáveis**

    - ✓ Tratores, máquinas, implementos agrícolas e equipamentos automotores utilizados nas operações agrícolas.
    - ✓ Equipamentos de energia solar e eólica também serão financiados pelo programa.
    - ✓ É executado um projeto de cooperação técnica, com enfoque na troca de experiências sobre políticas públicas de estímulo à produtividade da agricultura familiar. Paralelamente, uma parte dos recursos do PROEX-financiamento é destinada à concessão de financiamento a exportações brasileiras de máquinas e equipamentos necessários para a efetivação das estratégias de mecanização agrícola.
    - ✓ O mecanismo de crédito do Programa é o PROEX-Financiamento.
    - ✓ O programa busca oferecer um crédito barato para países adquirirem máquinas e implementos agrícolas produzidos no Brasil. Hoje, o Brasil é referência mundial em tecnologia adequada para agricultura familiar
    - ✓ Todas as empresas brasileiras cadastradas no Programa Mais Alimentos Brasil estão aptas a participar do programa.

- **Base legal:**

    - ✓ O PMAI está formalizado pelas Portarias MDA nº 97 de 2012 e nº 65 de 2013. Coordenado pelo MDA, o programa tem a participação de mais de 500 empresas brasileiras que exportam para seis países: Zimbábue, Moçambique, Senegal, Gana, Quênia e Cuba.
    - ✓ O operador do mecanismo de crédito é o Banco do Brasil, operador do PROEX.

- **Como as indústrias brasileiras podem se habilitar ao Mais Alimentos Internacional:**

    ✓ Conforme estabelecido nas Portarias MDA nº 65 e 88, publicadas, respectivamente, em agosto e outubro de 2013, que dispõem sobre os critérios e procedimentos relativos à habilitação, seleção e participação dos fornecedores brasileiros de máquinas e equipamentos no Programa Mais Alimentos Internacional, às indústrias já credenciadas no Programa Mais Alimentos – Brasil, é facultada a participação na modalidade internacional do programa, devendo a habilitação para esta modalidade ser efetuada por meio de requerimento a ser protocolado na Coordenação do Programa.

- **O Programa Mais Alimentos Internacional (PMAI faz uso e recursos do PROEX Financiamento: modalidade Concessional**

    ✓ **Coordenado pelo MDA e utiliza recursos do PROEX Financiamento;**

    ✓ **Objetivo: fomentar às exportações de máquinas, tratores e equipamentos aos países em desenvolvimento;**

    ✓ **Há a assinatura de um Projeto de Cooperação Técnica – PCT entre os países cooperantes, com apoio e treinamento específico para os bens exportados;**
    ✓ **Apoia a produtividade de pequenos agricultores em países em desenvolvimento;**
    ✓ **Assinatura de um Memorando de Entendimento (MoU) entre o Brasil e o país de destino;**
    ✓ **MoU vigentes atualmente: Cuba, Moçambique, Senegal, Zimbábue, Gana e Quênia.**

- **Parâmetros do Financiamento:**

- Para os países altamente endividados (Heavily Indebted Poor Countries – HIPC), o programa assegura o nível de concessionalidade de até 35%, com as seguintes condições de financiamento:
  - Prazo de financiamento: 15 anos;
  - Carência: 5 anos;
  - Taxa de juros: 0,5% a.a.

13.2 BNDES EXIM

Tem como objetivo a expansão das exportações brasileiras, mediante a criação de linha de crédito em condições competitivas com as linhas similares oferecidas no mercado internacional.

O apoio do BNDES à exportação de bens e serviços nacionais pode ser aplicado na fase pré-embarque e na fase pós-embarque.

➢ Fases:

- Fase Pré-embarque:

- Objetivo :

  - Financiamento apoia a produção para exportação de bens e serviços destinados `a exportação.

  - Quem pode solicitar:

  - - Empresas produtoras e exportadoras, de qualquer porte, brasileiras e que tenham sede e administração no País.

- Forma de apoio:
  - - O financiamento é realizado por meio de instituições financeiras credenciadas ao BNDES.

- Produtos e Serviços: CIRCULAR BNDES AEX Nº 006/2016 -Linhas de Financiamento dos Produtos Exim Pré-embarque e Exim Pós-embarque

- O que pode ser financiado:

Os bens indicados na Relação de produtos financiáveis:

  - Bens dos grupos I:
  - Credenciados pelo BNDES, ou apresentar índice de nacionalização que atenda os critérios definidos pelo BNDES, ou enquadrados no Processo Produtivo Básico – PPB.

  - Bens do grupo II, III e serviços:
  ✓ possuir índice de nacionalização, em valor, calculado de acordo com os critérios definidos pelo BNDES.

  - Acesse:
    http://www.bndes.gov.br/SiteBNDES/bndes/bndes_pt/Institucional/Apoio_Financeiro/Produtos/BNDES_Exim/exim_pre.html

  - Prazo do Financiamento das MPES:

  ✓ -Bens dos grupos I e II: até 2,5 anos
  ✓ Demais bens: até 2 anos
  ✓ Bens do grupo I - subgrupo IA: até 2,5 anos
  ✓ -Demais bens: até 2 anos

  - Prazo de embarque = Igual ao prazo de financiamento

  - Prazo de amortização
  ✓ Bens dos grupos I e II: até 1,5 ano
  ✓ Demais bens: até 1 ano
  ✓ Bens do grupo I - subgrupo IA: até 1,5 anos
  ✓ Demais bens: até 1 ano

- Amortização:

- ✓ A amortização será em parcela única ou dividida em parcelas mensais; além disso, deve ser concluída na data limite do embarque.
- ✓ No financiamento à exportação de automóveis (associado a financiamentos do Banco a projetos de investimentos em novas plantas automotivas tecnologicamente atualizadas ou na fabricação de novos modelos de veículos:
- ✓ o prazo do financiamento e o prazo do embarque serão, ambos, de 3 anos.
- ✓ A amortização deverá ser paga em parcela única, no dia 15 subsequente ao término do prazo de embarque.

✓ Garantias:

- ✓ - apoio direto: garantias aceitas pelo BNDES.
- ✓ - apoio indireto: garantias negociadas entre instituição financeira e o exportador.
- ✓ - MPMEs : podem complementar garantias com BNDES FGI.

✓ **BNDES EXIM PRÉ -EMBARQUE EMPRESA ÂNCORA**

- **Objetivo:**
  - ✓ Apoio à exportação indireta de bens que podem ser apoiados pelo BNDES, efetuada por intermédio de Empresa Âncora.

- **Quem pode solicitar:**
  - ✓ Empresas exportadoras, de qualquer porte, leis brasileiras e que tenham sede e administração no País.
  - ✓ Empresas âncoras: trading companies, comerciais exportadoras e empresas exportadoras que participem da cadeia produtiva e que adquiram a produção de outras empresas visando à sua exportação.

- **O que pode ser financiado:**
✓ Os bens indicados na Relação de Produtos Financiáveis:

- Bens do grupo I:
Credenciados pelo BNDES, ou apresentar índice de nacionalização, ou estar enquadrados no Processo Produtivo Básico – PPB.

- Bens dos grupos II e III:
Índice de nacionalização, em valor, calculado com os critérios definidos pelo BNDES.

- **Formas de apoio**
  ✓ O financiamento pode ser realizado por meio de instituições financeiras credenciadas.

- **Fase Pós-embarque:** BNDES EXIM Pós-embarque:

- **Objetivo:**
  Apoia a comercialização, no exterior, de bens de fabricação nacional e serviços brasileiros.

- **Beneficiários:**

  ✓ Exportador: Empresas exportadoras de bens de fabricação nacional e/ou serviços brasileiros, e que tenham sede e administração no País, trading companies e empresas comerciais exportadoras.

  ✓ Importador: Pessoa Juridica de direito privado constituída no exterior ou PJ de direito público externo que adquire os bens de fabricação nacional e/ou serviços brasileiros.

  ✓ Devedor: importador ou PJ de direito privado constituída no exterior ou de direito público externo que assuma a obrigação de pagamento resultante da exportação de bens de fabricação nacional e/ou serviços brasileiros.

- **O que pode ser financiado**:

  O BNDES EXIM Pós-embarque divide-se em linhas de financiamento:

- BNDES EXIM Pós-embarque Bens: CIRCULAR AEX Nº 006/2016

- BNDES EXIM Pós-embarque Serviço: CIRCULAR AEX Nº 006/2016

- -BNDES EXIM Pós-embarque Aeronaves: CIRCULAR AEX Nº 006/2016

- BNDES EXIM Automático

    - **Acesse:** http://www.bndes.gov.br/SiteBNDES/export/sites/default/bndes_pt/Galerias/Arquivos/produtos/download/Rel_prod.pdf

- **Produtos financiáveis**:

    - ✓ Valor do financiamento: até 100% do valor da exportação, e prazo máximo de 12 anos.
    - ✓ O BNDES exige que a operação tenha garantias ou seguro.
    - ✓ A comercialização de serviços associados a bens elegíveis pode ser financiada, limitado a 30% do valor da exportação dos bens, é também elegível para apoio a comercialização no exterior os serviços de construção civil e engenharia.

- **Modalidades: Supplier's credit e Buyer's credit**

- **Modalidade Supplier's credit:**

    - ✓ Consiste no refinanciamento ao exportador, e ocorre por meio da apresentação, ao BNDES, de títulos ou documentos do principal e juros do financiamento concedido pelo exportador ao importador. Esses títulos são descontados pelo BNDES, sendo o resultado do desconto liberado à empresa exportadora.
    - ✓ Exportador concede ao importador financiamento por meio de carta de crédito, letras de câmbio ou notas promissórias.

Esses títulos deverão ser cedidos ou endossados pelo exportador ao BNDES.
- ✓ BNDES realiza o refinanciamento mediante o desconto dos instrumentos de pagamento, e desembolsa os recursos ao exportador, à vista, em reais, no Brasil.
- ✓ Importador pagará ao BNDES no prazo.
- ✓ Banco mandatário realiza as transferências de recursos e documentos relativos à operação e modalidades operacionais

- ✓ A modalidade supplier's credit dispõe de condições pré-definidas.

- **Modalidade Buyer's Credit:**

✓ Os contratos de financiamento são estabelecidos diretamente entre o BNDES e a empresa importadora, com interveniência do exportador.
✓ Possuem custo mais elevado que a modalidade supplier's credit, e prazo de análise mais longo.

✓ O BNDES concede ao importador financiamento mediante contrato entre o BNDES e o importador,, com a interveniência do exportador.
✓ BNDES desembolsa recursos ao exportador, em reais, no Brasil.
✓ O importador pagará BNDES no prazo definido.
✓ O banco mandatário realiza as transferências de recursos e documentos relativos à operação.
✓ As condições financeiras da modalidade buyer's credit são definidas conforme cada operação.

- **.BNDES EXIM Automático:**
  - ✓ Apoia a comercialização de bens no exterior, na fase pós-embarque, por meio de uma rede de bancos credenciados do BNDES no exterior. Atende a demanda de exportadores por um financiamento de maior prazo, competitivo e ágil.

- ✓ Pode ser operado em duas modalidades: - supplier´s credit e buyer´s credit.

- **Modalidade supplier´s credit:**

Por meio de desconto de carta de crédito ou de títulos de crédito avalizados pelo banco no exterior, emitidos em favor do exportador.

- **Modalidade buyer´s credit:**

O banco no exterior é o devedor direto da operação de financiamento por meio de instrumento contratual com o BNDES.

O produto beneficia o exportador brasileiro e o importador e os bancos no exterior. Ao exportador são fornecidas condições competitivas para comercializar seus produtos no exterior, sem correr os riscos comercial e político da operação. O importador, terá acesso ao financiamento do BNDES para adquirir bens brasileiros, por meio de bancos locais, com limite de crédito para operar.

- **São financiáveis:**
- ✓ Bens de capital e de consumo brasileiros.

- **Prazo do financiamento:**
- ✓ Até 5 anos, com pagamento de principal e de juros semestral.

Redução de Custos BNDES Pré-embarque:

Foram reduzidos os custos da Linha BNDES Exim Pré-Embarque, para financiamento da produção de bens e serviços que serão comercializados no mercado internacional.

O Objetivo é criar condições para que a indústria nacional aproveite a conjuntura cambial favorável e amplie os mercados de exportação para seus produtos de maior valor agregado. Para isso, o BNDES está disponibilizando até R$ 4 bilhões. As taxas para os outros bens manufaturados, incluindo demais bens de capital, aeronaves, embarcações, caminhões, ônibus, autopeças e motores, ficaram em 13,64% ao ano, com cobertura de 50%.

BNDES – FGI: Fundo Garantidor para Investimentos.

- Objetivo:
    ✓ Facilitar a obtenção de crédito por micro, pequenas e médias empresas, além de empreendedores individuais, e caminhoneiros autônomos.

Ao pedir crédito, empresas de menor porte encontram dificuldades em atender as garantias exigidas que inviabilizam a contratação do financiamento desejado, ou levam à aprovação de um financiamento em condições menos favoráveis, considerando variáveis como os prazos de carência e amortização, taxa de juros e valor de entrada.

É um conjunto de vantagens que a garantia do BNDES FGI proporciona.

Garantia: capital de giro, aquisição de máquinas e equipamentos nacionais, projetos de expansão de unidades produtivas, aquisição de softwares nacionais, produção voltada à exportação, entre outros.

Complementa as garantias em operações de financiamento, para as MPMEs, e os Micro Empreendedores Individuais (MEIs)

O FGI poderá dar cobertura de até 80% do financiamento. O custo será entre 0,8% e 4,9% do valor do financiamento, variando em função do prazo e do percentual garantido contratado.

13.3 PROGER Exportação

- Objetivo:
    Linha de financiamento às exportações em reais destinada a financiar a produção de bens e as atividades diretamente envolvidas com a promoção da exportação.

    ✓ O Proger Exportação é uma linha de crédito, em moeda nacional, destinada a empresas com faturamento bruto anual

até R$ 10 milhões que tem por finalidade o financiamento à exportação de bens na modalidade pré-embarque, bem como de despesas com promoção de exportação
- ✓ Trata-se, portanto, de apoio representativo para que o pequeno exportador possa promover seus produtos, prospectar clientes e ampliar o mercado, conquistando o comércio internacional. Ou ainda financiar a produção que será destinada aos mercados externos, considerando os itens apoiados pelo Programa

- **Recursos:**
- Os recursos do Proger Exportação são oriundos do Fundo de Amparo ao Trabalhador (FAT), e, atualmente, o BB é o agente exclusivo da linha. Em todo o ano de 2015, o recurso disponibilizado de R$ 43 milhões foi utilizado integralmente. Para 2016, o recurso aprovado é da ordem de R$ 88 milhões.

- **Abrange:**

- Por meio do Proger Exportação, é possível financiar despesas decorrentes da participação em eventos comerciais no Brasil e no exterior. Isso inclui remessa de mostruários e material promocional, aquisição de passagens aéreas, hospedagem, locação de espaço físico, montagem e ambientação de estande.

Despesas de promoção com pacotes de viagem para participação em feiras e eventos comerciais no País e no exterior, aquisição de passagens aéreas, hospedagem, traslado, transporte de bagagem, locação de espaço físico, montagem e ambientação de estande, produção de material promocional, e outros.

- **Uso:**
  - ✓ Micro e Pequenas Empresas com faturamento bruto anual de até R$ 10 milhões, cooperativas e associações de produção.

- **Agentes**:
  - ✓ Banco do Brasil e Caixa Econômica Federal.

- **Financiamento para Promoção Comercial:**

✓ O Banco do Brasil oferece linhas de financiamento para empresas de pequeno porte que desejam ingressar no mercado externo ou incrementar suas vendas no exterior.

- **Parâmetros:**

  ✓ custo competitivo (TJLP acrescida de spread aplicado no momento da contratação),
  ✓ prazo de pagamento até 12 meses,
  ✓ cobertura de 100% do valor da exportação ou da despesa de promoção comercial,
  ✓ vantagem tributária (alíquota zero de IOF) e
  ✓ possibilidade de utilização do Fundo de Apoio às Micro Empresas (Fampe), dentro das regras do Fundo, como garantia complementar.

- **Contate:** proex@bb.com.br

14. MECANISMOS DE APOIO À EXPORTAÇÃO DE SERVIÇOS

Exportar serviços é mais simples do que exportar bens. Hoje, o segmento mais importa do que exporta. O fortalecimento das exportações de serviços é uma necessidade e ações do governo visam estimular o comércio internacional do segmento.

O setor terciário mostra crescente relevância na economia brasileira e apresentou crescimento significativo. De 2003 a 2015 as atividades de comércio de bens e à prestação de serviços passou de 65% para 72%, segundo o IBGE, gerando oito milhões de empregos.

O setor de serviços sempre esteve atrelado ao comércio exterior e ganhou escala, crescendo acima da média mundial, mas no Brasil ainda é um setor de participação tímida. Hoje, mil empresas de 14 setores da economia, como software, franquias, arquitetura, entre outras, recebem apoio da Apex-Brasil para participarem eventos internacionais, visando apresentar e estimular a venda desses produtos no exterior.

O BNDES também apoia as exportações de serviços.

Segundo o MDIC, enquanto o valor das exportações mundiais de serviços teve elevação de 133,5% no período de 2003 a 2012, o Brasil mostrou aumento de 281,6% no período, de acordo com dados da United Nations Conference on Trade and Development (UNCTAD) e do Banco Central do Brasil (BCB). Os números divulgados mostram que, apesar do déficit na balança de serviços, há expansão nas exportações de serviços brasileiros, que passaram de 0,6% em 2003 para 0,9% das exportações mundiais em 2012.

Os incentivos e apoios à exportação de serviços e intangíveis podem ser categorizados como:

- Incentivos financeiros,

- Incentivos fiscais

14.1. - Incentivos Financeiros para Exportação de Serviços

14.1.1 ACC – Adiantamento sobre Contrato de Câmbio – Redução a Zero do IR e do IOF.

✓ Antecipação parcial ou total em moeda nacional relativa ao preço da moeda estrangeira vendida ao banco autorizado a operar no mercado de câmbio, pelo exportador, para entrega futura, feita antes da prestação do serviço a residente ou domiciliado no exterior.

14.1.2 ACE – Adiantamento sobre Cambiais Entregues – Redução a Zero do IR e do IOF.

✓ Antecipação total ou parcial em moeda nacional, do valor a ser ingressado (venda com prazo), sobre uma prestação do serviço realizada a residente ou domiciliado no exterior.

✓ **Legislação:**

- Art. 80 do Decreto no 6.306, de 14 de dezembro de 2007.

- Título III, Capítulo 3 da Circular nº 3.691, de 16 de dezembro de 2013 (Circular que sucede o Regulamento do Mercado de Câmbio e Capitais Internacionais - RMCCI, desde 3/2/2014).

- Portaria MDIC no 26, de 03 de fevereiro de 2012.

14.1.3 BNDES Prosoft – Exportação

✓ **Pré-Embarque:**

- ✓ Financiamento na fase pré-embarque, para o desenvolvimento de software e serviços de tecnologia da informação (TI), destinados à exportação.
- ✓ **Pós-Embarque:**
    - ✓ Apoiar a comercialização no exterior de software e serviços de tecnologia da informação, desenvolvidos no Brasil, na modalidade de refinanciamento, mediante o desconto de títulos de crédito ou a cessão de direitos creditórios relativos às exportações da Beneficiária (suppliers credit).
- ✓ **Legislação:**
    - ✓ Resolução no 1377/06, de 7/12/06.
    - ✓ Resolução no 1479/07, de 14/8/07.

- **Mais informações:**
- ✓ **Acesse BNDES:**

http://www.bndes.gov.br/SiteBNDES/export/sites/default/bndes_pt/Galerias/Documentacao/Arquivos_excluidos/Prosoft/prosoft_exportacao_pre.html

http://www.bndes.gov.br/SiteBNDES/export/sites/default/bndes_pt/Galerias/Documentacao/Arquivos_excluidos/Prosoft/prosoft_exportacao_pos.html

14.1.4 BNDES-EXIM Pós-Embarque

- ✓ **Serviços:**
    - ✓ serviços nacionais no exterior, através da modalidade supllier's credit (refinanciamento ao exportador) ou através da modalidade buyer's credit (financiamento direto ao importador).

- ✓ **Legislação:**
    - ✓ Circular no 176/02, de 12 de setembro de 2002.

- **Mais informações no BNDES:**

http://www.bndes.gov.br/SiteBNDES/bndes/bndes_pt/Institucional/Apoio_Financeiro/Produtos/BNDES_Exim/produto_eximpos.html

14.1.5 BNDES-EXIM Pré-Embarque

- ✓ Financiamento à produção nacional de serviços a serem exportados.

✓ **Legislação:**
  - ✓ Carta-Circular 26/2006, de 28 de julho de 2006.

- **Mais informações no BNDES:**

http://www.bndes.gov.br/SiteBNDES/bndes/bndes_pt/Institucional/Apoio_Financeiro/Produtos/BNDES_Exim/produto_eximpos.html

14.1.6 CCR – Convênio de Pagamentos e Créditos Recíprocos Garantias recíprocas de Conversibilidade, Transferibilidade e Reembolso entre BancosCentrais.

- ✓ No caso de um país deixar de honrar algum pagamento por ocasião da compensação multilateral quadrimestral, o Convênio determina o acionamento do Programa Automático de Pagamento - PAP, mecanismo que estabelece um parcelamento do valor devido em quatro prestações mensais.

✓ **Legislação:**
  - ✓ Resolução, 3.608, de 11/9/2008, do Conselho Monetário Nacional.
  - ✓ Circular, 3.406, 26/9/2008 do Banco Central do Brasil 3.406.

- **Mais informações:**

- **Banco Central do Brasil:** http://www.bcb.gov.br/?SML

- **Acesse Banco do Brasil**:
  http://www.bb.com.br/portalbb/page3,8105,8133,21,0,1,1.bb

14.1.7 FGE – Fundo de Garantia à Exportação

✓ Garantia prestada pela União nas operações de Seguro de Crédito à Exportação SCE, que objetiva segurar as exportações brasileiras contra os riscos comerciais, políticos e extraordinários que possam afetar as transações econômicas e financeiras vinculadas a operações de crédito à exportação.

- **Legislação:**

✓ Sobre o Seguro de Crédito à Exportação: Lei nº 6.704, de 1979. Regulamentação da Lei nº 6.704, de 1979, que dispõe sobre o SCE: Decreto nº 3.937, de 2001.

- **Mais informações:**

Secretaria de Assuntos Internacionais / Ministério da Fazenda:

- **Acesse:**
http://www1.fazenda.gov.br/sain/temas_internacionais/seguro_credito.asp

- **BNDES:**
http://www.bndes.gov.br/SiteBNDES/bndes/bndes_pt/Institucional/BNDES_Transparente/Fundos/Fge/seguro.html

14.1.8 PROEX – EQUALIZAÇÃO

✓ Cobertura de parte dos encargos financeiros incidentes, de forma a tornar as taxas de juros equivalentes às praticadas internacionalmente.

- **PROEX – Financiamento**

✓ Financiamento direto ao exportador brasileiro ou importador, com recursos financeiros obtidos junto ao Tesouro Nacional, para conceder às exportações brasileiras condições equivalentes às do mercado internacional.
✓ O Banco do Brasil atua com exclusividade como o agente financeiro da União responsável pela sua gestão.

- **Legislação:**

✓ Lei no 10.184, de 12 de fevereiro de 2001.
✓ Portaria MDIC no 208, de 20 de outubro de 2010.

- **Onde obter mais informações:**

  - **CAMEX:**

http://www.camex.gov.br/conteudo/exibe/area/3/menu/51/PROEX

  - **Banco do Brasil:**

http://www.bb.com.br/portalbb/page44,107,2944,9,1,1,2.bb?codigoMenu=135&codigoRet=2448&bread=1_4

O BNDES possui, ainda, no âmbito do BNDES Finem, duas linhas de financiamento voltadas ao apoio à inserção internacional.
- ACESSE:

(http://www.bndes.gov.br/SiteBNDES/bndes/bndes_pt/Areas_de_Atuacao/Exportacao_e_Insercao_Internacional/):

  - - Apoio à internacionalização de empresas: apoio à formação de capital de giro ou investimento de empresas de capital nacional no mercado internacional.

- - Aquisição de bens de capital: apoio à aquisição de bens de capital associada a planos de investimentos apresentados ao BNDES.

14.2 Incentivos Fiscais para Exportação de Serviços

- ✓ A incidência ou não de tributos na exportação de serviços é regulamentada na Legislação Tributária Brasileira (Federal, Estadual e Municipal). Em razão da competência legal de cada órgão da Administração Pública, compete às Secretarias de Fazenda (Federal, Estadual e Municipal) tratar de temas relacionados à legislação tributária referentes às operações no mercado interno e externo.
- ✓ As receitas de exportação de serviços para o exterior do País são beneficiadas por desonerações tributárias do PIS/Pasep, COFINS, IRPJ, CSLL e ISS.

14.2.1 PIS/PASEP

- ✓ A contribuição para o PIS/Pasep não incidirá sobre as receitas decorrentes das operações de prestação de serviços para pessoa física ou jurídica residente ou domiciliada no exterior, cujo pagamento represente ingresso de divisas, conforme dispõe o artigo 5º da Lei 10.637/02.

Legislação:
- ✓ A Lei Complementar n° 07/1970 instituiu o Programa de Integração Social – PIS.

A Lei Complementar N° 08/1970 instituiu o Programa de Formação do Patrimônio do Servidor Público – PASEP, no qual União, Estados, Municípios, Distrito Federal e Territórios, contribuíam ao fundo destinado aos empregados do setor público.

❖ **Mais informações**

- **Caixa Econômica Federal:**
http://www.caixa.gov.br/voce/social/beneficios/pis/index.asp

- **Governo Federal:**
http://www.brasil.gov.br/para/servicos/direitos-do-trabalhador

14.2.2. COFINS

✓ Atualmente a não incidência está prevista no artigo 6º da Lei 10.833/03, cujo pagamento represente ingresso de divisas; (Redação dada pela Lei nº 10.865, de 2004).

- **Legislação:**
Lei Complementar nº 70, de 30 de dezembro de1991.

❖ **Mais informações:**

- **Receita Federal:**
http://www.receita.fazenda.gov.br/pessoajuridica/pispasepcofins/

14.2.3 IRPJ e CSLL

✓ Pelo fato de incidirem sobre o lucro, deverão ser tributados conforme a sistemática de apuração do lucro da empresa.

- **Legislação:**
  ✓ - Lei nº 9.430, de 27 de dezembro de 1996.
  ✓ - Lei nº 7.689 de 15 de dezembro de 1988.
  ✓ - Lei nº 8.981 de 23 de janeiro de 1995.

❖ **Mais informações:**

- **Receita Federal:**
www.receita.fazenda.gov.br/Aliquotas/ContribPj

14.2.4 ISS

- Não incide sobre as exportações de serviços para o exterior doPaís, conforme o artigo 2º, I, da Lei Complementar 116/2003. Mas, também de acordo com a LC 116/2003, serão tributáveis os serviços desenvolvidos no Brasil, cujo resultado aqui se verifique, ainda que o pagamento seja feito por residente no exterior.
- Recomenda-se verificar com o Fisco Municipal as situações factuais específicas, pois o traço distintivo, que pode levar à desoneração do ISSQN sobre a exportação de serviços, reside no local onde se deve dar como verificado o resultado da sua prestação.

Legislação:
- Lei Complementar nº 116, de 31 de julho de 2003.

Mais informações:
- Entrar em contato com a Secretaria de Fazenda do Município ou Distrito Federal.

Manutenção de Recursos no Exterior:

- A legislação autoriza a manutenção no exterior da totalidade dos recursos relativos ao recebimento de exportações. A IN da RFB prevê que esses recursos mantidos no exterior somente poderão ser utilizados para a realização de investimento, aplicação financeira ou pagamento de obrigação, próprios do exportador, vedada a realização de empréstimo ou mútuo de qualquer natureza.
- Já a Resolução do Bacen estabelece que o recebimento do valor decorrente de exportação deve ocorrer:

- Mediante crédito do correspondente valor em conta no exterior mantida em banco pelo próprio exportador;

- a critério das partes, mediante crédito em conta mantida no exterior por banco autorizado a operar no mercado de câmbio no País, na forma da regulamentação em vigor;

- por meio de transferência internacional em reais, aí incluídas as ordens de pagamento oriundas do exterior em moeda nacional, na forma da regulamentação em vigor;

- mediante entrega da moeda em espécie ao banco autorizado a operar no mercado de câmbio, na forma a ser definida pelo Banco Central do Brasil;

- por meio de cartão de uso internacional, emitido no exterior, vale postal internacional ou outro instrumento em condições especificamente previstas na regulamentação do Banco Central do Brasil.

- **Legislação:**
    - ✓ Instrução Normativa nº 726, de 28 de fevereiro de 2007.
    - ✓ Resolução Bacen nº 4.051, de 26 de janeiro de 2012.

14.2.5 REPES: Regime Especial de Tributação para a Plataforma de Exportação de Serviços de TI – Lei 11.196, de 21 de novembro de 2005

- **Legislação:**

    - ✓ Lei 11.196 de 21 de novembro de 2005.

❖ **Onde encontrar ajuda?**

- **ReceitaFederal:**
  http://www.receita.fazenda.gov.br/Legislacao/LegisAssunto/RegEspTrib.htm

14.2.6 RECAP: Regime Especial de Aquisição de Bens de Capital para Empresas Exportadoras

- ✓ Lei 11.196, de 21 de novembro de 2005, em que é beneficiária do RECAP a pessoa jurídica preponderantemente exportadora, assim considerada aquela cuja receita bruta decorrente de exportação para o exterior, no ano calendário imediatamente anterior à adesão ao RECAP.

- **Legislação**
  Lei 11.196 de 21 de novembro de 2005.

❖ **Onde encontrar ajuda?**

- **Receita Federal:**

http://www.receita.fazenda.gov.br/Legislacao/LegisAssunto/RegEspTrib.ht

15. SEGURO DE CREDITO À EXPORTAÇÃO

15.1 Seguro de Crédito à Exportação (SCE):

O Seguro de Crédito à Exportação – SCE tem a finalidade de garantir as operações de crédito à exportação contra os riscos comerciais, políticos e extraordinários que possam afetar as exportações brasileiras de bens e serviços.

- ✓ Garante ao exportador a indenização por perdas definitivas, em consequência do não recebimento de crédito concedido a cliente no exterior.
- ✓ Cobertura da União para as exportações nacionais contra Riscos Comerciais, Políticos e Extraordinários.
- ✓ Tem Lastro no Fundo de Garantia à Exportação (FGE) do SCE.

Intervenientes:

- SAIN: Secretaria de Assuntos Internacionais Ministério da Fazenda
- Secretaria de Assuntos Internacionais do Ministério da Fazenda
- COFIG: Comitê de Financiamento e Garantia das Exportações –
- ABGF: Agencia brasileira gestora de Fundos Garantidores e Garantias S.A
- FGI: Fundo que lastreia o Seguro de Crédito à Exportação.
- Gestor do FGE: BNDES- Banco Nacional do Desenvolvimento Econômico e Social
- SGP: Sistema de Garantias Publicas

15.2 Tipos de cobertura:

O SCE oferece cobertura contra os riscos comerciais, políticos e extraordinários para as transações comerciais e financeiras vinculadas às exportações de bens e serviços.

A Garantia da União para operações de crédito à exportação cobre:

- ✓ Riscos comerciais, para prazos de financiamento superiores a 2 anos;
- ✓ Riscos políticos e extraordinários;
- ✓ Riscos comerciais, de performance, políticos e extraordinários para micro, pequenas e médias empresas em operações de até dois anos;
- ✓ Risco de fabricação;
- ✓ Risco de adiantamento de recursos e de performance para o setor de defesa e para produtos agrícolas beneficiados por cotas tarifárias para mercados preferenciais.

❖ **Acesse:**
http://www.ebc.com.br/seguradora-brasileira-de-credito-exportacao

15.3 O SCE garante os financiamentos de crédito à exportação contra:

- ✓ **Risco comercial, quando o financiador (Exportador ou Banco Financiador) não recebe seus créditos concedidos ao Importador (mora, falência, etc.);**

- ✓ **Risco político (mora, rescisão arbitrária, moratória geral decretada pelas autoridades do país devedor); e**

- Riscos extraordinários, que impeçam o pagamento da dívida financiada (guerras, revoluções, catástrofes naturais).

Os percentuais de cobertura máxima do SCE são:

- Risco comercial: 95% (ou 100% em operações que contem com: contra garantia bancária; garantias reais como a hipoteca de aeronaves civis; exportações de MPMEs, entre outros);
- Risco político e risco extraordinário: 100%

- **Prêmio de risco:**

Pela cobertura do SCE, será devido um prêmio de risco calculado em função do prazo da operação, da classificação de risco do devedor e das contra garantias.

- **Vantagens do SCE**

- Menor spread na taxa de juros das operações (menor risco);
- Protege o exportador contra direito de regresso;
- Ampliação da atratividade do pacote de financiamento;
- Ampliação da atratividade do bem/serviço exportado;
- Possibilita a oferta de maiores prazos e volumes de financiamento;
- Redução do risco e maior limite de crédito junto aos bancos.
- O SCE facilita o acesso a financiamentos, como o ACE, BNDES/EXIM e o PROEX.

- **Coberturas do SCE**

- Financiamento concedido por qualquer banco, público ou privado, brasileiro ou estrangeiro, a exportações brasileiras;
- Sem pré-restrições de bens ou serviços ou quanto ao país do importador;
- Não há exigência de conteúdo nacional.

- **Cobertura do SCE**

Os percentuais máximos de cobertura do SCE são:

- No caso de risco comercial:

   ✓ Até 95% como regra geral;
   ✓ Até 100%, em operações financiadas que contam com garantia bancária;
   ✓ Até 100%, em exportação do setor aeronáutico.

- No caso de risco político e extraordinário:

   ✓ Até 100%.

- Percentual de cobertura para MPME:
   ✓ Entre 90% e 95%, para riscos comerciais, políticos e extraordinários.

- Até 100%, no caso de seguro contra os riscos de obrigações contratuais*, sob a forma de:
- garantia de execução,
- garantia de reembolso de adiantamento de recursos,
- garantia de termos e condições de oferta.

* válido apenas para exportações de bens de consumo e de serviços das indústrias do setor de defesa e de produtos agrícolas beneficiados por cotas tarifárias para mercados preferenciais.

Cobertura para Micro, Pequenas e Médias Empresas (MPME :

- O SCE fornece cobertura para MPMEs em operações de até dois anos.

São elegíveis a esta modalidade:

- Empresas com faturamento anual de até R$ 90 milhões e com exportações de até US$ 3 milhões;
- Empresas que apresentem uma projeção de exportação para os próximos 12 meses do pedido do SCE em valor superior a US$ 3 milhões, desde que se encontre enquadrada, no fechamento do ano anterior, nos parâmetros da Resolução CAMEX nº 34, de 05.05.2015.
- Prêmio: No Ano de 2015, a média de prêmio nas operações de MPME foi de 0,43% da operação.

- **Fases de cobertura para MPMEs:**

- **Modalidade pós-embarque (financiamento à comercialização):**

  - Cobertura das somas devidas pelo importador contra os riscos de que este não venha pagar sua dívida após a exportação das mercadorias e/ou a prestação dos serviços no exterior ter sido realizada.
  - A cobertura pode ser dada a um banco ou diretamente ao exportador;
  - Prazo: até 180 dias;
  - Percentual de cobertura máximo:
    - 90% para o risco comercial e
    - até 95% para o risco político e extraordinário.

- **Modalidade pré-embarque* (financiamento à produção):**

  - Na fase pré-embarque, o risco de crédito coberto é o risco de não recebimento, pela instituição financeira, dos créditos

devidos pelo exportador recebidos a título de adiantamento para produção.
- ✓ Prazo: até 180 dias.
- ✓ Percentual de cobertura máximo: até 90% para os riscos comercial, político e extraordinário.

* Esta modalidade é ofertada apenas se conjugada com a fase pós-embarque.

- **Fluxo de uma operação de MPME:**

1. Exportador acessa o site da ABGF, cadastra-se no SGP e realiza a solicitação de cobertura.

2. ABGF aprova limite de cobertura anual para operações do Exportador.

3. Exportador realiza no SGP solicitação de cobertura da União para operação específica

4. ABGF realiza análise do pleito da empresa e encaminha parecer eletrônico para SAIN.

5. SAIN confirma Deferimento.

6. Emissão do Certificado Garantia (CGC)

- ❖ Acesse: www.abgf.gov.br

- **TEMPO ESTIMADO: SEM CERTIFICAÇÃO DIGITAL:30 DIAS;COM CERTIFICAÇÃO DIGITAL : 21 DIAS**

15.4 Para obter Garantia do SCE o exportador deve solicitar análise técnica da operação.

✓ Nas operações de Médio e Longo Prazo, cujos prazos de financiamento são superiores a dois anos, a garantia de cobertura dos riscos com Seguro de Crédito à Exportação (SCE) será formalizada por meio do Certificado de Garantia de Cobertura (CGC), com validade compatível ao período de pagamento, que poderá garantir duas modalidades de financiamento, conforme descritas a seguir:

- SUPPLIER CREDIT"

O CGC é emitido em favor do EXPORTADOR, que concede crédito diretamente ao seu cliente no exterior. De acordo com sua necessidade, o exportador tem a opção de solicitar um refinanciamento (através de desconto de títulos de crédito oriundos da operação de exportação), transferindo ao banco financiador o direito às indenizações cobertas pelo mencionado Certificado.

- BUYER CREDIT

O CGC é emitido em favor do banco financiador que estabelecerá uma linha de crédito diretamente para o cliente no exterior e efetuará o pagamento à vista ao EXPORTADOR.

- **Riscos Cobertos**

  - **RISCO PRÉ-CRÉDITO (FABRICAÇÃO)**

O risco de fabricação é definido pela possibilidade de interrupção do cumprimento das obrigações definidas no contrato comercial, em razão da ocorrência de um dos fatos geradores de sinistro que afete o importador ou seu país. A cobertura fornecida durante esse período está relacionada aos custos incorridos pelo exportador até o momento da interrupção contratual.

  - **RISCO DE CRÉDITO (PÓS-EMBARQUE)**

O risco de crédito é definido pela impossibilidade de o comprador honrar o pagamento das prestações oriundas do financiamento, referente à aquisição das mercadorias e/ou dos serviços. A cobertura fornecida nesse estágio refere-se às somas devidas pelo importador.

15.5 Como fazer SCE

- ✓ As empresas devem acessar o site e prestar as informações requeridas.
- ✓ A empresa receberá, via e-mail, login e senha de acesso ao sistema eletrônico
- ✓ Após análise cadastral e financeira, será atribuído seu limite de crédito anual, definido um limite para cada operação de crédito à exportação.
- ✓ A cobertura tem vigência de um ano e pode garantir mais de uma exportação da empresa.

❖ **Contatos:**

➤ ABGF Aviação e Defesa Leonardo Mamede - Gerente Executivo
- Tel: 21-2510-5014
- email: leonardo.mamede@abgf.gov.br

➤ Operações Estruturadas Fernanda Abbud - Gerente Executivo
- Tel: 21-2510-5085
- email: fernanda.abbud@abgf.gov.br

➤ MPME Marcos Barbosa - Gerente Executivo
- Tel: 21-2510-5014
- email: marcos.barbosa@abgf.gov.br

16. CÂMBIO DE EXPORTAÇÃO

São vários os tipos dos contratos de câmbio.

- **Tipos de Contrato de Câmbio:**

✓ Tipo 01 – Exportação de mercadorias ou serviços;

✓ Tipo 02 – Importação de mercadorias com pagamento antecipado, à vista e com prazo para pagamento de até 360 dias;

✓ Tipo 03 – Transferências financeiras do exterior;

✓ Tipo 04 – Transferências financeiras para o exterior e importação com prazo superior a 360 dias da data do embarque;

✓ Tipo 07 – Alteração de contrato de câmbio de compra: utilizado para alterar alguma cláusula ou condição de qualquer contrato de compra de moeda estrangeira (tipo 01, tipo 03 ou tipo 05).

16.1 ACC: Adiantamento sobre Contrato de Câmbio -Produtos e Serviços.

16.2 - ACE: ADIANTAMENTO SOBRE CAMBIAIS ENTREGUES – produtos e serviços

16.1 ACC - Mecanismos de financiamento à exportação.

- ✓ Trata-se de financiamento na fase de produção ou pré-embarque. Para realizar um ACC, o exportador deve procurar um banco comercial autorizado a operar em câmbio.
- ✓ O exportador celebra com Banco um contrato de câmbio no valor correspondente às exportações que deseja financiar. O contrato de câmbio é celebrado antes mesmo do exportador receber do importador o pagamento de sua venda.
- ✓ O exportador pede ao banco o adiantamento do valor em reais correspondente ao contrato de câmbio. Assim, além de obter um financiamento competitivo para a produção da mercadoria a ser exportada, o exportador também fixa a taxa de câmbio da sua operação.
- ✓ O ACC pode ser realizado também em algumas exportações de serviços. O ACC pode ser realizado até 360 dias antes do embarque da mercadoria.
- ✓ A liquidação da operação se dá com o recebimento do pagamento efetuado pelo importador, acompanhado do pagamento dos juros devidos pelo exportador, ou pode ser feita com encadeamento com um financiamento pós-embarque (ACE, PROEX).

16.2 ACE- Adiantamento sobre cambiais entregues

- ✓ O ACE – Adiantamento sobre cambiais entregues é um mecanismo similar ao ACC, só que contratado na fase de comercialização ou pós-embarque.
- ✓ Após o embarque dos bens, o exportador entrega os documentos da exportação e as cambiais (saques) ao banco e celebra um contrato de câmbio para liquidação futura.
- ✓ O exportador pede ao banco o adiantamento do valor em reais correspondente ao contrato de câmbio. Assim, além de obter um financiamento competitivo para conceder prazo de pagamento ao importador, o exportador também fixa a taxa de câmbio da sua operação.
- ✓ O ACE pode ser contratado com prazo de até 390 dias após o embarque da mercadoria. A liquidação da operação se dá

com o recebimento do pagamento efetuado pelo importador. Mais o pagamento dos juros devidos pelo exportador

16.3 ACC indireto:
- ✓ Mecanismo que permite ao exportador indireto financiar sua produção exportável com linhas de crédito externas.
- ✓ Podem se utilizar do ACC indireto os fabricantes de insumos que integrem o processo produtivo, de montagem, de embalagem de mercadorias destinadas à exportação, e os fabricantes de bens exportados por tradings.
- ✓ O financiamento pode ser contratado em dólares ou em reais. Obedece aos mesmos prazos do ACC.

17. DOCUMENTOS DE EXPORTAÇÃO

17.1 Documentos para Exportação de Produtos

Os documentos utilizados na exportação são:

- Transito aduaneiro
- Embarque para exterior
- Negociação junto ao Banco Negociador.
- Para fins fiscais e contábeis.
- Outros documentos conforme o produto.

❖ **Acesse:**
http://www.sebrae.com.br/sites/PortalSebrae/artigos/Documentos-necess%C3%A1rios-para-a-empresa-que-deseja-exportar

17.1.1 Documentos para Trânsito Aduaneiro

✓ **Nota Fiscal:**

- Utilizada para efetivar o desembaraço (liberação da carga) da mercadoria para o exterior.
- Emitida pelo exportador em série 1 ou modelo único com a natureza da operação informando:
SAÍDA DE MERCADORIA PARA O EXTERIOR – COD. 711.
Mencionar no corpo da nota fiscal: "MERCADORIA IMUNE DE IPI CONFORME ARTIGO 18º INCISO II DO DECRETO 2637/98"
"NÃO INCIDÊNCIA DO ICMS CONFORME INCISO VI ARTIGO 7º DO DECRETO".

A emissão da nota fiscal é fundamental para que o exportador tenha acesso aos incentivos fiscais da exportação. 33.118 RICMS/SP".

17.1.2 - Documentos de Embarque

✓ **Fatura Comercial (Commercial Invoice)**

- ✓ **Conhecimento ou Certificado de Embarque:**

  - **Marítimo** – B/L (Bill of Lading);
  - **Aéreo** - AWB (Air Way Bill);
  - **Rodoviário** – CRT (Conhecimento Rodoviário de Transporte);
  - **Ferroviário** – CFT (Conhecimento Ferroviário de Transporte)

- ✓ **Romaneio (Packing List)**

- ✓ **Certificado de Origem (Certificate of Origin):**

  Tipos do Certificado de Origem:

  - Certificado de origem MERCOSUL: emitido pelas federações, confederações ou centros da indústria, do comércio ou da agricultura.

  - Certificado de origem ALADI: emitido pelas federações estaduais da indústria e do comércio.

  - Certificado de origem SGP - SISTEMA GERAL DE PREFERÊNCIAS: emitido pelo Banco do Brasil que opera com comércio exterior.

  O documento é denominado "Form A" e constitui requisito para a de reduções tarifárias em países industrializados para os países em desenvolvimento.

- ✓ **Fatura comercial:**

Contém:

- Nome e endereço do exportador e do importador;
- Tempo de transporte;
- Locais de embarque e de desembarque;
- Descrição completa da mercadoria;
- Quantidade, peso bruto e líquido;
- Moeda, preço unitário, valor total;
- Termos ou condições de venda (INCOTERMS);

- Assinatura do exportador;
- Modalidade de pagamento;
- Tipo de embalagem e número e marca de volumes;
- Data de emissão.

✓ **Romaneio:**

- Número do documento;
- Nome e endereço do exportador e do importador;
- Data de emissão;
- Descrição da mercadoria, quantidade, unidade, peso bruto e líquido;
- Local de embarque e desembarque;
- Nome da transportadora e data de embarque;
- Número de volumes, identificação dos volumes por ordem numérica, tipo de embalagem, peso bruto e líquido por volume e as dimensões em metros cúbicos.

17.1.3 Documentos de Negociação com Banco.

- Borderô ou carta de entrega.
- Fatura Proforma ou ProForma Invoice.
- Conhecimento de Embarque (Bill Of Lading - B/L)
- Carta de Crédito
- Certificado ou Apólice de Seguro
- Romaneio de Embarque (Packing List)
- Contrato de Câmbio
- Certificado de Origem.

17.1.4 Documentos Fiscais e Contábeis

- Contrato de Câmbio
- -Comprovante de Exportação (CE)
- Nota Fiscal
- Certificado ou Apólice de Seguro

- Conhecimento de Embarque (Bill Of Lading = B/L) . Este documento recebe denominações de acordo com o meio de transporte utilizado:
- -Conhecimento de Embarque Marítimo (Bill of Lading - B/L)
- Conhecimento de Embarque Aéreo (Airway Bill - AWB)
- Conhecimento de Transporte Rodoviário (CRT)
- Conhecimento de Transporte Ferroviário (TIF/DTA)

17.1.5 Outros Documentos:

- Apólice de Seguro (Insurance Policy).

- CertificadoSanitário/FitossanitárioSanitary/PhitosanitaryCertificate), emitido por entidades especializadas governamentais ou particulares devido às exigências de alguns países quanto à importação de animais ou produtos de origem animal ou vegetal.
O certificado atesta que os produtos estão isentos de doenças ou são elaborados conforme normas sanitárias exigidas

17.2 Documentos para Exportação de Serviços

O exportador deve obter do importador a relação dos documentos que deverão ser providenciados para efetivar a comercialização do serviço.

Os principais documentos utilizados na Exportação de Serviços são:

- Contrato de Compra e Venda Internacional
- Nível de Serviço
- Fatura Proforma

- Fatura Comercial
- Contrato de Câmbio
- ISS e Documentos Fiscais
- Registro no SISCOSERV

17.2.1 Contrato de Compra e Venda Internacional

No BrasiL, as pessoas físicas ou jurídicas só podem comprar ou vender moedas estrangeiras nos estabelecimentos legalmente autorizados pelo Banco Central do Brasil.

Todo recurso em moeda estrangeira que entra no Brasil deve ser transformado em Reais num prazo de até 90 dias, sob pena de o valor da ordem de pagamento ser devolvido ao remetente em sua totalidade.

Sendo assim, o ingresso e a saída de moeda estrangeira correspondente ao recebimento das exportações, que não envolvam a manutenção de recursos no exterior, e ao pagamento das importações deve ser efetuado mediante a celebração e liquidação de contrato de câmbio em banco autorizado a operar no mercado de câmbio.

O Contrato de Câmbio é o instrumento firmado entre o vendedor e o comprador de moedas estrangeiras, no qual se mencionam as características completas das operações de câmbio e as condições sob as quais se realizam. Ele tem por objeto a troca de divisas. Assim sendo, sempre teremos como contrapartida do valor em moeda estrangeira, apontado no contrato de câmbio, o valor correspondente àquele em moeda nacional, obtido em função da conversão efetuada pela taxa de câmbio.

As operações de exportação de serviços são precedidas de um Contrato de Compra e Venda Internacional, que pode ser formal ou não. Quando o contrato é formal, ele expressa os direitos e obrigações entre as partes e comprova a relação comercial entre o exportador e o importador

Geralmente, o Contrato de Compra e Venda Internacional podem ser intermediados por agentes, de onde surgem as condições para realização da transação comercial.

Estas condições fazem referência basicamente a:

- Descrição e características da prestação do serviço ou do intangível;
- Preço;
- Prazo de pagamento;
- Forma de pagamento;
- Tipo de seguro;
- Local da prestação do serviço;
- Prazo da prestação do serviço;
- Data da prestação;
- Bancos que intervêm na operação; e
- Documentos exigidos pelo importador.

As principais condições do contrato são expressas com a emissão, por parte do exportador, de uma Fatura Invoice que constitui a oferta dirigida ao importador. Essa oferta é aceita pelo importador, podendo ser a aceitação tácita ou expressa. Posteriormente à aceitação da oferta, o exportador emite a Fatura Comercial ou Definitiva, que é o documento principal no qual se expressa o Contrato de Compra e Venda Internacional.

17.2.2 Nível de Serviço

Como parte integrante do Contrato de Compra e Venda Internacional, o empreendedor deve estar atento para a pactuação dos níveis de serviço, indicadores, metas, prazos, papéis e responsabilidades das partes envolvidas no contrato.

O Acordo de Nível de Serviço (Service Level Agreement) surgiu no contexto dos contratos de tecnologia da informação, mas sua pactuação entre exportadores e importadores e as respectivas penalizações referentes ao seu descumprimento são essenciais para a boa prestação de um serviço e para a compreensão das expectativas do cliente, especialmente quando se considera as diferenças culturais entre clientes de países diferentes.

17.2 .3 - Fatura Proforma

A Fatura Proforma é o documento emitido pelo prestador de serviço a residente ou domiciliado no exterior, em formulário próprio, de preferência em inglês ou no idioma do país importador. Muitas vezes a Fatura Proforma substitui o contrato.

Este documento formaliza e confirma a negociação, desde que devolvido ao exportador contendo o aceite do importador para as especificações contidas. É similar à fatura comercial (definitiva), porém com características de um orçamento, ou seja, não gera obrigação de pagamento por parte do comprador.

Na Fatura Invoice devem estar relacionadas as principais características da operação, nome do vendedor, endereço, nome do comprador e endereço, nome do representante e de uma forma sumária, as condições em que foram efetuados a venda e o prazo de pagamento.

17 2.4 - Fatura Comercial

É o documento internacional emitido pelo exportador que, no âmbito externo, equivale à Nota Fiscal.

Representa a operação comercial em si e sua finalidade é formalizar a prestação do serviço.

Tal documento, de validade internacional, deve conter as mesmas Informações básicas do contrato firmado, porém caso o pagamento seja parcelado, será necessário emitir nova fatura a cada vencimento.

A fatura comercial deve conter as seguintes informações:

• Descrição da prestação do serviço;
• Prestador e tomador – conforme a qualificação indicada no contrato;
• Número do documento – numeração que auxilia na identificação do processo;
• Data de emissão;
• Menção da identificação do contrato ou fatura proforma;
• Valor total do pagamento ou parcela;
• Forma de pagamento – conforme contrato; e
• Dados bancários do prestador:
    1. nome do banco
    2. endereço no Brasil
    3. telefone (+55 0XX XXXX-XXXX)

4. pessoa de contato
5. agência e conta do prestador
6. códigos internacionais fornecidos pelo banco
7. beneficiário da remessa – mesmo que seja o próprio prestador, deve ser informado conforme o cadastro no banco (razão social).

17.2.5 Contrato de Câmbio

No Brasil não é permitido o livre curso da moeda estrangeira.

Todo recurso em moeda estrangeira que entra no Brasil deve ser transformado em Reais num prazo de até 90 dias., sob pena de o valor da ordem de pagamento ser devolvido ao remetente em sua totalidade.

Sendo assim, o ingresso e a saída de moeda estrangeira correspondente ao recebimento das exportações, deve ser efetuado mediante a celebração e liquidação de contrato de câmbio em banco autorizado a operar no mercado de câmbio.

O Contrato de Câmbio é o instrumento firmado entre o vendedor e o comprador de moedas estrangeiras, no qual se mencionam as características completas das operações de câmbio e as condições sob as quais se realizam. Ele tem por objeto a troca de divisas.

17.2.6 ISS e Documentos Fiscais

A Lei Complementar nº 116/2003 prevê que o imposto (ISS) não incide sobre as exportações de serviços para o exterior do País. Prevê ainda em seu parágrafo único que "não se enquadram no disposto no inciso I os serviços desenvolvidos no Brasil, cujo resultado aqui se verifique, ainda que o pagamento seja feito por residente no exterior."

A prestação de serviços é tributada normalmente pelo ISS, cabendo a identificação da ocorrência do fato gerador em cada operação. O ISS é regulamentado pelo município de domicílio do prestador brasileiro. Assim, para a incidência do imposto deve ser observada a legislação local.

Já a Nota Fiscal ou o documento equivalente deve sempre ser emitida quando da prestação de um serviço, mesmo que não haja incidência do ISS, quando o serviço for exportado.

17.2.7 - Registro no SISCOSERV

Todos os residentes ou domiciliados no Brasil que realizem, com residentes ou domiciliados no exterior, operações de venda ou aquisição de serviços, intangíveis e outras operações que produzam variações no patrimônio, inclusive operações de exportação e importação de serviços, devem efetuar o registro no SISCOSERV.

A responsabilidade pelos registros RVS/RF do Módulo Venda do SISCOSERV é do residente ou domiciliado no País que mantenha relação contratual com residente ou domiciliado no exterior e contra este fature a prestação de serviço, a transferência de intangível ou a realização de outra operação que produza variação no patrimônio, ainda que ocorra subcontratação de residente ou domiciliado no País ou no exterior.

Estão dispensadas do registro no SISCOSERV, nas operações que não tenham utilizado mecanismos de apoio ao comércio exterior de serviços, de intangíveis e demais operações de que trata o art. 26 da Lei nº 12.546, de 14 de dezembro de 2011:

- as pessoas jurídicas optantes pelo Regime Especial Unificado de Arrecadação de Tributos e Contribuições devidos pelas Microempresas e Empresas de Pequeno Porte – Simples Nacional e os Microempreendedores Individuais – MEI de que trata o §1o do artigo 18-A da Lei Complementar nº 123, de 14 de dezembro de 2006; e

- as pessoas físicas residentes no País que, em nome individual, não explorem, habitual e profissionalmente, qualquer atividade econômica de natureza civil ou comercial, com o fim especulativo de lucro, desde que não realizem operações em valor superior a US$ 30.000,00 (trinta mil dólares dos Estados Unidos da América), ou o equivalente em outra moeda, no mês.

Mais informações sobre a legislação relativa aos registros, bem como sobre as informações que devem ser registradas estão disponíveis nos Manuais Informatizados do Sistema, disponíveis em:

❖ **Acesse:**

http://www.mdic.gov.br/sitio/interna/interna.php?area=4&menu=3407.

18. LOGISTICA INTERNACIONAL

18.1 Criando uma Cadeia Logística Eficiente

Para cada operação de Exportação se pode criar uma cadeia para levar o produto da origem ao destino.

- Combinando os Modais de Transporte;
- Integrando os Terminais e Depósitos, Portos, Aeroportos, Ferrovias e Rodovias;
- Integrando os Portos Seco e os Pontos de Fronteira- - mais adequados .
- Utilizando os Regimes aduaneiros e os INCOTERMS negociados;

-

18.2 Conceito de Logística

Logística é:

- Conseguir que mercadorias certas;
  - - Cheguem ao lugar certo;
  - - No momento certo;
  - - Pelo Custo certo;
  - - E nas condições certas.

18.3 Logística Integrada

- ✓ A Logística empresarial integrada consiste em integrar as seis funções logísticas. As seis funções logística criam o Diagrama Estrela.
- ✓ Seu objetivo é criar valor para cliente,

✓ Trade off consiste na troca informações entre as diversas funções logísticas.

Acontece no Mercado a integração entre Logística e Marketing.

A Ponte entre Mercado e Logística acontece no nível de serviço prestado pela empresa, no mercado.

18.4 Princípios da Logística

- Vender pacote serviços /benefícios,
- - Criar informação e integra-la,
- - Substituir transporte e estoque por informação,
- - Simplificar operações, mais passos significam +custos e maior variação de tempo,
- - Administrar picos, reduzir flutuações, atender cliente na sua necessidade
- - Girar estoque com velocidade – estoque capital imobilizado,
- - Adiar ao máximo as características finais dos produtos,
- - Terceirizar atividades e flexibilizar operações.

18.5 Porto Seco

✓ São recintos alfandegados de uso público, situados em Zona Secundária, onde são executadas operações de movimentação, armazenagem e despacho de mercadorias e bagagens, sob controle aduaneiro.

✓ No porto seco são executados serviços aduaneiros, inclusive os de processamento de despacho aduaneiro de importação e

de exportação, possibilitando a interiorização desses serviços no País.
- ✓ Alguns serviços executados: etiquetagem e marcação de produtos destinados à exportação, visando a sua adaptação às exigências do comprador, demonstração e testes de funcionamento de veículos, máquinas e equipamentos, acondicionamento e reacondicionamento e montagem (industrialização).

- **Regimes de Operação em um Porto Seco:**

  - ✓ - Comum;
  - ✓ - Suspensivos;

- **Como funcionam:**

Recebem cargas diversas e preparam para exportação.
Recebem mercadorias em importação ainda consolidadas, destinadas a despacho para consumo imediato ou a entreposto aduaneiro.
Nas importações, armazena a mercadoria pelo período desejado pelo importador (um ano, prorrogável até três anos) em regime de suspensão de impostos, podendo fazer a nacionalização fracionada.
São 63 unidades de Portos Secos em operação no Brasil, sendo: 35 unidades, em 14 estados da Federação; sendo 27 unidades no estado de São Paulo;1 unidade no Distrito Federal.

- **Vantagens:**

  - ✓ - Interioriza serviços
  - ✓ - Simplifica processos administrativos;
  - ✓ - Movimenta, armazena, despacha e outros serviços
  - ✓ - Zona secundaria, uso exportação e importação
  - ✓ - Posterga pagamento de tributos
  - ✓ - Local apropriado para armazenar produtos:
  - ✓ - Desdobrar produtos em lotes
  - ✓ - Nacionalizar por etapas
  - ✓ - Disponibilidade imediata dos produtos

- ✓ - Estoque estratégico do exportador estrangeiro
- ✓ - Baixo custo: 0,22% VALOR CIF- 10 DIAS

18.6 Operador Logístico

✓ Prestador de serviços, de atividades logísticas.

Fornecedor de serviços logísticos que gerencia todas atividades logísticas ou parte delas, agregando valor ao produto e que tenha competência para prestar no mínimo três atividades básica: controle de estoque, armazenagem e gestão de transportes. (ABML).

Terceirização de serviços logísticos executados de maneira coordenada e integrada.

18.7 REDEX - Recinto Especial para Despacho Aduaneiro de Exportação.

- ✓ São recintos não-alfandegados. Serviços de REDEX PÚBLICO, de uso comum a vários exportadores, sob controle da fiscalização aduaneira.
- ✓ O REDEX é uma área específica onde a mercadoria aguarda o despacho aduaneiro, condição que agiliza o trâmite burocrático da fiscalização.
- ✓ O uso do REDEX facilita a logística de exportação, reduzindo sensivelmente os custos operacionais e administrativos, resultando em mais agilidade e segurança nos contratos internacionais de exportação.
- ✓ Pequenas e médias empresas contam ainda com a possibilidade de fracionamento da carga. Caso o exportador não consiga encher sozinho um contêiner, por exemplo, as mercadorias seguem para o REDEX, onde serão adicionadas à carga de outras empresas para completar o contêiner.
- ✓ O despacho aduaneiro de exportação poderá ser realizado em recinto não-alfandegado de zona secundária

- **Base legal**: "Instrução Normativa SRF nº 114, de 31 de dezembro de 2001

- ✓ O recinto não-alfandegado de zona secundária, onde se processar o despacho, é denominado Recinto Especial para Despacho Aduaneiro de Exportação (REDEX.O REDEX pode estar localizado no estabelecimento do próprio exportador ou em endereço para uso comum de vários exportadores.

- **Vantagens**

    - ✓ Redução no custo de transporte, pois os veículos transportadores não necessitam permanecer nas zonas primárias;
    - ✓ A mercadoria desembaraçada tem preferência na ordem de embarque;
    - ✓ As autoridades aduaneiras estão próximas do exportador, agilizando a solução de problemas e minimizando o prazo de espera;
    - ✓ A carga sai internacionalizada e lacrada por uma autoridade aduaneira da Delegacia da Receita Federal, seguindo em trânsito marítimo até o Porto;
    - ✓ Maior rapidez na operação no terminal de embarque da mercadoria, considerando que a mesma já seguiu desembaraçada física e documentalmente para o Porto, Aeroporto ou Zona Fronteiriça.

- **Operação no REDEX**

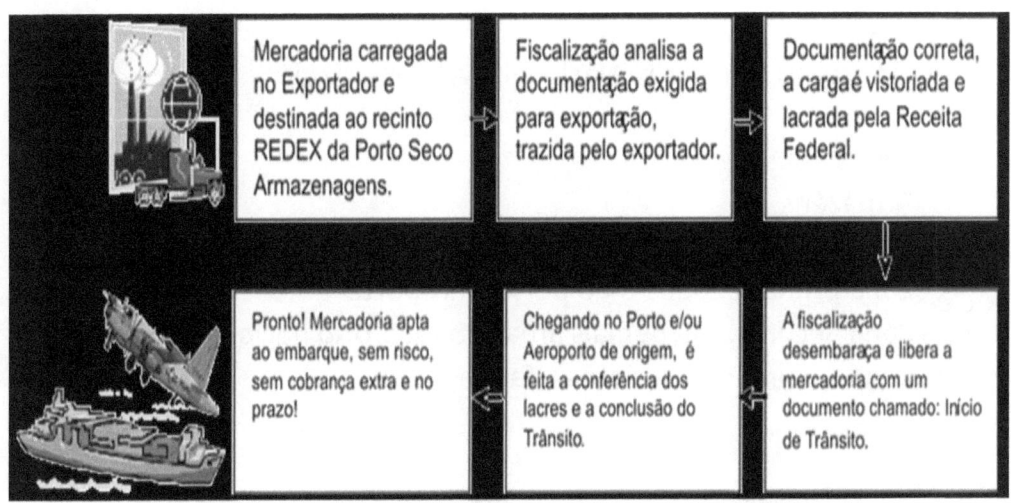

Fonte: REDEX Porto Seco, 2016

19. REGIMES ADUANEIROS DA EXPORTAÇÃO

Os principais Regimes Aduaneiros da Exportação são:

- - Transito aduaneiro e DTA
- - Drawback
- - Entreposto Aduaneiro
- - RECOF- Entreposto Industrial sob controle Informatizado
- Linha Azul

19.1 Território Aduaneiro

O Território Aduaneiro Nacional é composto por:

- Depósitos
- - Armazéns
- - Pátios
- - Zona Primaria: dentro do porto/aeroporto
- - Zona Secundária: demais áreas do território nacional.
- - Zona Secundaria: recintos alfandegados

19.2 DTA – Declaração de Transito Aduaneiro

- ✓ Permite transporte de um local para outro sob controle aduaneiro e com suspensão de tributos.
- ✓ Consiste na transferência da carga da zona primaria para zona secundária do território aduaneiro nacional.

19.3 Drawback

Base legal: DL n.37/66 e Portaria Secex 14 / 04

- **Conceito:**

- ✓ É um Incentivo à exportação, que visa retirar todos ônus tributários incidentes sobre componentes importados destinados a integrar o processo de industrialização dos produtos á serem exportados barateando seu custo.
- ✓ O Sistema de drawback eletrônico é integrado ao SISCOMEX.
- ✓ Em 2001, o Drawback Eletrônico introduziu a informatização dos serviços relacionados ao regime aduaneiro especial de drawback na modalidade suspensão dos tributos. Desta forma, o exportador adquire os insumos incorporados ou utilizados na fabricação de um produto que será exportado sem a necessidade do pagamento de impostos.
- ✓ Em 2008, o Serpro aprimorou o Drawback Eletrônico ao implementar sua versão na plataforma web. A diferença entre um sistema e outro diz respeito ao acesso à nova versão, por meio de senha e de certificação digital (Drawback Web).

- **Modalidades do drawback:**

  - Isenção
  - Suspensão
  - Restituição

❖ **Acesse Drawback web**: http://www.mdic.gov.br/siscomex/index-.html

❖ **Isenção:**
https://www.drawbackisencao.mdic.gov.br/drawbackisencao/private/pages/index.jsf

❖ **Suspensão:**
https://siscomex.desenvolvimento.gov.br/g33159Secex/jsp/logon.jsp?ind=0

https://siscomex.desenvolvimento.gov.br/g33159Secex/jsp/logon.jsp?ind=6

- **Drawback Suspensão:**

  - Consiste em Importar mercadorias com suspensão de tributos para produção de produtos a serem exportados após fabricação, beneficiamento ou destinadas a acondicionamento de outra a ser exportada.
  - Suspensão: II, IPI, ICMS, PIS/COFINS, AFRMM
  - Exemplos: material para indústria de máquinas (motores).

- **Drawback Isenção**: reposição de estoque

  - Consiste em Importar isentos de impostos insumos que foram utilizados na fabricação de outros que foram exportados com impostos.
  - No drawback Isenção há isenção do imposto de importação, do IPI, do PIS/COFINS e do Adicional ao Frete para renovação da Marinha Mercante. A Isenção de tributos incidentes na importação de mercadorias acontece na qualidade e quantidade equivalente ao da mercadoria já exportada. Nesse caso foram exportados produtos sem o benefício fiscal e agora posso repor o estoque.

- **Incentivos da Modalidade Isenção:**

  - Isenção do II, IPI e PIS/COFINS;
  - Dispensa do pagamento do AFRMM;
  - Não obrigatoriedade transporte em navio de bandeira brasileira;
  - Não obrigatoriedade da inexistência de similar nacional;
  - A Modalidade isenção e a restituição não tem benefício do ICMS, somente na modalidade suspensão.

- **Drawback Intermediário:**

  ✓ É uma operação especial concedida a empresas fabricantes-intermediárias que importam ou adquirem no mercado interno mercadorias destinadas à industrialização de produto intermediário a ser fornecido a empresas industriais-exportadoras para USO na industrialização de produto final destinado à exportação.

  Exemplos: material para indústria automobilística (motor, comando numérico).

19.4 Entreposto Aduaneiro na Exportação

  ✓ Permite a armazenagem de mercadorias destinadas à exportação nos Regime comum e no Regime extraordinário.

- **No regime comum**: armazenagem em recinto público, com suspensão dos impostos federais.

- **No regime extraordinário**: armazenagem em recinto privado com a utilização dos benefícios fiscais outorgado a empresa comercial exportadora.

- **Prazo**: 1 ano +1 ano = 2 anos prorrogável até 3 anos- regime comum

- **Prazo**: 180 dias – regime extraordinário.

19.5 RECOF

19.5.1 Conceito:

  ✓ Permite a empresa importar com suspensão de tributos, sobre controle aduaneiro informatizado, mercadorias que depois de serem submetidas a operação de industrialização, sejam destinadas à exportação.

No RECOF parte da mercadoria importada ou depois de submetida a processo de industrialização pode ser despachada para consumo.

A mercadoria importada poderá ter as seguintes destinações:
- ✓ - Exportada
- ✓ - Reexportada
- ✓ - Destruída

- **Habilitação no Regime:**

- Mercadorias habilitadas

- - Operações de industrialização autorizadas

- Prazo de suspensão: 1 ano + 1 ano em até 5 anos.

19.5 .2 Modalidades

- Telecomunicação e informática (RECOF Informática);

    - Aeronáutica (RECOF Aeronáutico);

    - Automotiva (RECOF Automotivo);

    - Semicondutores e bens de alta tecnologia para telecomunicação e informática (RECOF Semicondutores);

    - RECOF SPED

19.5.3 Habilitação no Regime:

- ✓ Apesar de cada modalidade ter suas características próprias, podemos mencionar que as empresas que podem solicitar sua habilitação são as que:
- ✓ Realizam processos de industrialização, montagem, transformação;

- ✓ Tenham idoneidade fiscal;

- ✓ Exportam ou participam da cadeia produtiva exportadora;

- ✓ Utilizam insumos, partes e peças referenciados nos Anexos das INs;

- ✓ Assumam compromisso de limite mínimo de exportações, de acordo com a modalidade de seus negócios; ·

- ✓ Possuam software de controle que atenda as exigências da SRF - Recof Sys.

- ✓ Tenham patrimônio Líquido igual ou superior a R$ 10 milhões (Industrial), R$ 5 milhões (Prestadora de Serviços).

- ✓ Industrializam 80% da importação.

19.5.4 Evolução da base legal

- **A - Decreto 2.412 / 97**:
  Permite importar com suspensão tributos: II, IPI, PIS/COFINS, AFRMM, mercadorias para serem 'industrializadas e fabricar produtos para serem exportados ou vendidos no mercado interno.

- **B - SRF N.O 417/04, unificou legislação:**
  - ✓ Indústrias de Informática e Telecomunicações, identificando os insumos que poderiam compor os produtos a ser fabricados no país com suspensão dos tributos.

- ✓ Listas de produtos para Indústria Aeronáutica e Automotiva.
- ✓ Listas de produtos para Indústria Automotiva
- ✓ Indústrias de Semicondutores e de Componentes de Alta Tecnologia para Informática e Telecomunicações.

- **C - Alteração da Instrução Normativa SRF nº 1.291/ 12, sobre o Regime Aduaneiro Especial de Entreposto Industrial sob Controle Informatizado (RECOF)**

- **D - Alteração da Instrução Normativa SRF nº 476/ 04, sobre o Despacho Aduaneiro Expresso (Linha Azul).**

- **E- Instrução Normativa RFB nº 1.559/2015, flexibilizou critérios para adesão existente:**
  - ✓ Redução do patrimônio líquido exigido, que passou de R$ 25 milhões para R$ 10 milhões,
  - ✓ Fim da obrigatoriedade de habilitação prévia na Linha Azul (Despacho Aduaneiro Expresso) e
  - ✓ redução no volume mínimo anual de exportações exigido, que passou de US$ 10 milhões para US$ 5 milhões.

  - **F- Instrução Normativa RFB nº 1.612, cria RECOF -SPED.**
    - ✓ fim da obrigatoriedade de habilitação prévia na Linha Azul (Despacho Aduaneiro Expresso) e
    - ✓ reduçãono volume mínimo anual de exportações exigido, que passou de US$ 10 milhões para US$ 5 milhões.

19.5.5 Modificações RECOF e LINHA AZUL

- RECOF: Apresentação de relatório de auditoria dos controles administrativos de 2 para 3 anos, após habilitação ao programa.

- Redução de valor do patrimônio líquido de USD 25 milhões para USD 10 milhões

- LINHA AZUL: Redução de exportação de USD 10 milhões para USD 5 milhões, por ano.

19.6 RECOF - SPED

- ✓ A Instrução Normativa RFB nº 1.612, lançou uma nova modalidade de entreposto industrial, o Regime Aduaneiro Especial de Entreposto Industrial sob Controle Informatizado do Sistema Público de Escrituração Digital (RECOF SPED), ampliando o número de empresas que podem se beneficiar do regime.
- ✓ Até 1.000 empresas, responsáveis por exportações anuais da ordem de US$ 50 bilhões, podem aderir ao regime.
- ✓ O novo modelo é uma evolução do RECOF, implementado em 1997 pelo Decreto nº 2.412.

- Este regime permite que a empresa beneficiária importe ou adquira no mercado doméstico insumos para o seu processo produtivo, industrialize os seus produtos finais e os exporte, sem realizar o pagamento de tributos em quaisquer dessas etapas.

- Também é possível vender, sem a cobrança de multas ou juros, parte da produção ou mesmo parte dos insumos importados no mercado interno brasileiro, sendo necessário, neste caso, efetuar o recolhimento dos tributos devidos após a concretização das vendas. Isto propicia um significativo adiamento do pagamento dos tributos, o que alivia o fluxo de caixa das empresas.

- O RECOF SPED oferece basicamente os mesmos benefícios do regime anterior. A sua principal vantagem está relacionada à simplificação de procedimentos e redução do custo de implementação e manutenção do regime.

- **No primeiro, era necessário que a empresa adquirisse, instalasse e homologasse um sistema informatizado que efetuaria todo o controle do cumprimento do regime, incorrendo em custos elevados.**

- Na nova modalidade, basta que a empresa realize os devidos registros nos seus livros contábeis digitais (Sistema Público de Escrituração Digital – SPED), o que não representa um custo adicional, visto que já faz parte das obrigações normais dessas empresas.

Com a publicação, em abril de 2015, da Instrução Normativa RFB nº 1.559/2015, que flexibilizou alguns critérios para adesão já existente, tais como,

- ✓ redução do patrimônio líquido exigido, que passou de R$ 25 milhões para R$ 10 milhões,
- ✓ fim da obrigatoriedade de habilitação prévia na Linha Azul (Despacho Aduaneiro Expresso) e
- ✓ redução no volume mínimo anual de exportações exigido, que passou de US$ 10 milhões para US$ 5 milhões.

Para habilitação e fruição do regime a empresa deve:

- ✓ exportar pelo menos 80% do valor importado a cada ano,
- ✓ sendo no mínimo US$ 5 milhões em exportações anuais,
- ✓ industrializar pelo menos 80% os insumos importados ou adquiridos no mercado interno sob amparo do regime, e
- ✓ estar em dia com as obrigações da escrituração fiscal digital (EFD).

- **Para utilização do RECOF SPED:**

É preciso solicitar previamente uma habilitação à Receita Federal. Os formulários e procedimentos para habilitação serão divulgados em até 90 dias do lançamento do regime, com o objetivo de permitir que as empresas comecem rapidamente a se beneficiar do RECOF SPED.

- **Auditores Eletrônicos**

Considerando que o sistema tributário brasileiro é complexo é necessário a auditagem das informações antes de serem enviadas a Receita Federal. Para atender a essa demanda das empresas tem surgido no mercado fornecedores de Auditores Eletrônicos que evitam multa do fisco por erro operacional, na realidade são plataformas on- line que antecipam inconsistências nas informações prestadas pelas empresas que dessa maneira podem corrigir os erros a tempo de evitar multas..

19.7 Despacho Aduaneiro Expresso: LINHA AZUL

- ✓ Mostra que empresa possui processos de negócios (fiscal, contabilidade, comércio exterior, estoque, classificação fiscal e logística) devidamente controlados.
- **Objetivo:** redução de custos logísticos.

- **Benefícios da Linha Azul**

  - ✓ Redução do tempo de liberação de cargas de exportação / importação e transito aduaneiro.
  - ✓ . Desembaraço automático: Canal Verde.
  - ✓ . Prioridade admissão temporária.
  - ✓ Prazo máximo para desembaraço: 4 e 8 horas.
  - ✓ Previsibilidade para produção.
  - ✓ Redução de custos logísticos, transporte, armazenagem, e demurage - em média de 10%.
  - ✓ Desconto na armazenagem aérea (INFRAERO).

❖ **Acesse:**   - www.linhaazulonline.com.br
              - www.regimesaduaneiros.com.br

19.8 DIFERENÇAS ENTRE RECOF, RECOF-SPED, DRAWBACK SUSPENSÃO

As principais diferenças entre os três Regimes Aduaneiros são:

19.8.1 Conceitos

- **RECOF:** Regime aduaneiro especial de entreposto industrial sob controle informatizado.

- **Permite ao beneficiário:**

    ✓ Importar ou adquirir no mercado interno, com suspensão de pagamento de tributos, mercadorias a serem submetidas a operações de industrialização e produtos destinados à exportação ou ao mercado interno;

    ✓ Extinção do pagamento de tributos na Exportação do produto acabado;

- **RECOF SPED:** Regime aduaneiro especial de entreposto industrial sob Controle Informatizado do Sistema Público de Escrituração Digital.

- **Permite ao beneficiário:**

    ✓ Importar ou adquirir no mercado interno, com suspensão de pagamento de tributos, mercadorias a serem submetidas a operações de industrialização e produtos destinados à exportação ou ao mercado interno.

✓ Extinção do pagamento de tributos na Exportação do produto acabado;

- **Drawback Suspensão:**

Regime aduaneiro especial que permite ao beneficiário:

*Importar ou adquirir no mercado interno, com suspensão de pagamento de tributos mercadorias a serem empregadas na produção de bens com maior valor agregado e em seguida obrigatoriamente exportados ou utilizados em venda equiparada a exportação controlada através de um número de Ato Concessório.

- **Benefícios do RECOF:**

✓ Importação/compra no mercado nacional de insumos com suspensão dos tributos;

✓ Isenção do pagamento dos tributos suspensos na exportação;

✓ Fluxo de caixa - Nacionalização dos tributos suspensos até o décimo dia do mês subsequente à destinação da mercadoria no mercado nacional;

✓ Redução nas taxas de Armazenagem INFRAERO;

✓ Importação e aquisição no mercado interno (legislação própria de cada estado) com suspensão/diferimento do ICMS;

✓ Suspensão da taxa do AFRMM (Adicional ao Frete para a Renovação da Marinha Mercante).

Benefícios do RECOF SPED:

✓ Importação/compra no mercado nacional de insumos com suspensão dos tributos;

- ✓ Isenção do pagamento dos tributos suspensos na exportação;

- ✓ Fluxo de caixa - Nacionalização dos tributos suspensos até o décimo quinto dia do mês subsequente à destinação da mercadoria no mercado nacional;

✓ Redução nas taxas de Armazenagem INFRAERO;

- **Benefícios do DRAWBACK:**

- ✓ Importação e aquisição no mercado interno (legislação própria de cada estado) com suspensão/diferimento do ICMS;

- ✓ Suspensão da taxa do AFRMM(Adicional ao Frete para a Renovação da Marinha Mercante). Importação/compra no mercado nacional de insumos com suspensão dos tributos;

- ✓ Isenção do pagamento dos tributos suspensos na exportação;

- ✓ Redução nas taxas de Armazenagem INFRAERO;

- ✓ Redução, suspensão ou isenção de taxas como INFRAERO e AFRMM.

- **Requisitos para habilitação no RECOF**

- ✓ Regularidade Fiscal – (art. 33 Lei 9.430);

- ✓ Sistema Informatizado – Controle do Regime Integrado aos Sistemas Corporativos.

- ✓ Patrimônio Líquido maior ou igual à R$ 10 Milhões;

- ✓ Exportar produtos industrializados no valor mínimo anual equivalente a 50% (oitenta por cento) do valor total das mercadorias importadas ao amparo do regime e não inferior a US$ 5 milhões;

- ✓ Aplicar anualmente, na produção dos bens que industrializar, pelo menos 80% (oitenta por cento) das mercadorias estrangeiras admitidas no regime.

- **Requisitos para habilitação no RECOF SPED:**

- ✓ Regularidade Fiscal – (art. 33 Lei 9.430);

- ✓ Estar adimplente com as obrigações de entrega da Escrituração Fiscal Digital (EFD);

- ✓ Solicitar previamente uma habilitação junto à Receita Federal;

- ✓ Exportar produtos industrializados no valor mínimo anual equivalente a 80% (oitenta por cento) do valor total das mercadorias importadas ao amparo do regime e não inferior a US$ 5 milhões;

- ✓ Aplicar anualmente, na produção dos bens que industrializar, pelo menos 80% (oitenta por cento) das mercadorias estrangeiras admitidas no regime.

- **Requisitos para habilitação no DRAWBACK:**
- ✓ As empresas interessadas em operar no regime de drawback deverão estar habilitadas para operar em comércio exterior nos termos, nos limites e condições estabelecidos na legislação pertinente. Compete ao DECEX a concessão do regime de drawback, compreendidos os procedimentos que tenham por finalidade sua formalização, bem como o acompanhamento e a verificação do adimplemento do compromisso de exportar.

- **Quem pode se habilitar no RECOF:**

- ✓ Empresa que tenham Operação de Industrialização:

- ✓ Montagem de produtos;

- ✓ Transformação, beneficiamento e montagem de partes e peças utilizadas na montagem dos produtos;

- ✓ Acondicionamento e recondicionamento de partes e peças a serem comercializadas no mesmo estado em que foram importadas.

- **Quem pode se habilitar no RECOF SPED:**

Empresas que efetuem industrialização em qualquer das modalidades.

- ✓ Montagem;

- ✓ Transformação;

- ✓ Beneficiamento e Acondicionamento/Recondicionamento.

- ✓ Acondicionamento e recondicionamento – esta modalidade de industrialização é permitida, porém, exportações efetuadas somente com esta operação são excluídas do compromisso de exportação.

- **Quem pode se habilitar no DRAWBACK:**

- ✓ Empresas que realizam operações de industrialização sobre peças, componentes, matérias-primas e/ou outros insumos importados e/ou adquiridos no mercado interno, fabricando com eles produtos destinados à exportação;
- ✓ Além de empresas que importam ou adquirem no mercado interno peças, componentes, matérias-primas e/ou outros

insumos para fabricar produtos intermediários e vender a empresas exportadoras.

- **Requisitos para habilitação e manutenção no RECOF:**

✓ Patrimônio Líquido de R$ 10 milhões;

✓ Exportar 50% do valor total das mercadorias importadas ao amparo do regime com o piso de U$ 5 milhões anuais de exportação;

✓ Aplicar na produção dos bens industrializados 80% das mercadorias importadas sob o regime (75% se exportar valor superior a US$ 50.000.000,00 e 70% se a exportação for superior a US$ 100.000.000,00 no ano).

- **Requisitos para habilitação e manutenção no RECOF SPED:**

✓ Exportar produtos industrializados no valor mínimo anual equivalente a 80% (oitenta por cento) do valor total das mercadorias importadas ao amparo do regime e não inferior a US$ 5 milhões;

✓ Industrializar, pelo menos 80% das mercadorias estrangeiras admitidas no regime anualmente, reduzindo a 70% para empresas beneficiárias que abasteçam o mercado interno com partes e peças destinadas à manutenção e garantia de seus produtos fabricados;

✓ Estar adimplente com as obrigações de entrega da Escrituração Fiscal Digital (EFD), nos termos da legislação específica em vigor.

- **Requisitos para habilitação e manutenção no DRAWBACK:**

A manutenção ocorre por ATO CONCESSÓRIO, conforme as regras:

- ✓ Cumprir com os compromissos de exportação (100%) do Ato Concessório, caso contrário:

- ✓ A empresa não perde o direito de operar pelo regime, mas é passível de sofrer penalizações.

20. FERRAMENTAS DE PROMOÇÃO, ANÁLISE E INTELIGÊNCIA COMERCIAL

Os principais tipos de ferramentas para identificar importadores são:

- Ferramentas de Promoção Comercial e Comunicação com importadores para Produtos e Serviços:

  - ✓ Vitrine do Exportador
  - ✓ ConectaAmericas
  - ✓ Pymeslatinas

- Ferramentas para identificar Mercados para Produtos e seus preços médios, com base em estatísticas:

  - ✓ AliceWeb2
  - ✓ Web Mercosul

- Ferramentas para definir Estratégia de Atuação em Mercados para Produtos e Serviços:

  - ✓ CAPTA: Módulo Preferências Tarifárias para Produtos
  - ✓ CAPTA: Modulo Regras de Origem para produtos
  - ✓ Market ACCESS MAP

- Ferramenta para identificar Mercados e Oportunidades Comerciais para Produtos e Serviços:

- ✓ Mapa de Mercados Estratégicos

- Ferramenta para identificar informações sobre produtos, mercados, preço médio, potencial importador, concorrência, Barreiras Tarifárias e Não Tarifárias:

- ✓ Radar Comercial

- Ferramenta de Informações Comerciais produzidas pelos Setores de Promoção Comercial das Embaixadas do Brasil:
- ✓ SECOMS.

- Ferramentas de Oportunidades de Negócio para MPE`S nos países da ALADI:

- ✓ Análise de Oportunidades Comerciais
- ✓ . Análise da Competitividade
- ✓ . Perfil do seu produto no mercado de um país-membro
- ✓ . Perfil do comportamento do País Fornecedor/ exportador de um produto no mercado de outro país-membro.
- ✓ .Taxa de Câmbio Real: Analise a competitividade de um país-membro da ALADI com seus com seus principais parceiros comerciais.

- Ferramenta de Estatísticas do Agronegócio

  - ✓ AGROSTAT

- A Função de cada uma das ferramentas:

  - ✓ Vitrine do Exportador: divulga empresas e seus produtos e serviços

  - ✓ ConnectAmericas: Google, DHL, Visa e Alibaba e BID - Banco Interamericano de Desenvolvimento criaram uma

plataforma online para PMEs para promoção comercial de empresas produtos e serviços.
- ✓ Pymeslatinas: promoção comercial de MPES latinas.

- ✓ Mapa de Mercados e Oportunidades comerciais: ferramenta virtual georreferenciada para 32 mercados para produtos e 80 mercados para serviços.

- ✓ Radar Comercial: identifica informações para produtos, mercados, preço médio, potencial importador, concorrência, Barreiras Tarifarias e Barreiras Não Tarifarias.

- ✓ CAPTA: Serviço de informações on line em tempo real dos Acordos Comerciais que Brasil participa.

- ✓ ALICEWEB2 E WEB MERCOSUL: Sistema de Análise de informações com exportações/ importações do Brasil e dos países do Mercosul.

. Ferramentas de identificação de Oportunidades de Negócio para MPE`S da ALADI:

- ✓ Análise de Oportunidades Comerciais: Análise da Oportunidade Comercial de seu produto em países-membros da ALADI.

- ✓ Análise da Competitividade: Análise a situação competitiva de seu produto em países-membros da ALADI.

- ✓ Perfil do Produto: Análise das principais características que o seu produto apresenta no mercado de um país-membro da ALADI

- ✓ Perfil do País Fornecedor: Características do comportamento de um país exportador membro da ALADI de um produto no mercado de outro país-membro.

- ✓ **Taxa de Câmbio Real:** Análise a competitividade de um país-membro da ALADI com seus principais parceiros comerciais.

- ✓ **AGROSTAT:** Estatísticas do Agronegócio

- ✓ **EXPORT & INVESTBRASIL:** Guia de Comercio Exterior e Investimento consiste em uma janela sobre o tema.

20.1 Ferramenta para Promoção Comercial: VE - Vitrine do exportador

❖ **Acesse:** www.vitrinedoexportador.gov.br

- ✓ É um Diretório de empresas brasileiras exportadoras. Envolve produtos e serviços: SH-6 e NBS-8

Tem como objetivo divulgar as empresas brasileiras e seus produtos no mercado internacional.

É uma ferramenta de comunicação, simples e de fácil pesquisa. Oferece o serviço "Vitrine Virtual", em que o exportador customiza sua página.

Importadores estrangeiros, interessados em fazer negócios, têm a possibilidade de enviar propostas diretamente às empresas participantes. Empresas potenciais exportadoras podem participar da VE via solicitação de adesão disponível no sitio.

20.2. Ferramenta de Promoção Comercial: ConnectAmericas

- ✓ Google, DHL, Visa e Alibaba.com se juntaram ao BID- Banco Interamericano de Desenvolvimento para criar uma plataforma online para PMEs acessarem contatos de negócios, cursos online, dicas sobre exportação e oportunidades de financiamentos através da Corporação Interamericana de Investimentos – para apoiar as PMEs da América Latina e Caribe que procuram oportunidades de negócios, na região.

- ✓ A Corporação Interamericana de Investimentos (CII) é membro do Grupo BID. A CII promove o desenvolvimento por meio do setor privado na América Latina e no Caribe, com foco nas pequenas e médias empresas (PMEs). A CII oferece às empresas financiamento na forma de capital, empréstimos e garantias, além de assistência técnica inovadora, serviços de assessoria e produtos de conhecimento.
- ✓ É uma nova plataforma digital de networking social para ajudar as empresas da América Latina e do Caribe, especialmente as pequenas e médias, a se expandir para mercados internacionais.O ConnectAmericas oferece aos seus membros acesso a clientes, fornecedores, parceiros e investidores potenciais na região e em todo o mundo.
- ✓ A plataforma proporciona também um grande banco de dados de informações sobre tarifas e regras de comércio e uma variedade de cursos gratuitos online para ajudar as empresas a aprender como exportar ou se tornar parte de cadeias de abastecimento internacionais. Além disso, o ConnectAmericas oferece aos usuários informações sobre opções de financiamento disponíveis de bancos comerciais, investidores internacionais e do BID.

Os membros que criarem perfis de usuário e de empresa receberão recomendações de contatos e de novos materiais de aprendizagem para serem acessados, com base em seu perfil de negócio e preferências.

As principais ferramentas do site são:

- **Connect:**

Permite que os usuários postem o perfil de sua empresa e vejam os perfis de clientes, fornecedores e investidores potenciais. As empresas podem usar a plataforma para se comunicar com outros usuários por meio de um sistema interno de mensagens.

- **Learn:**

Os usuários encontrarão um repositório abrangente de bancos de dados, tutoriais, e cursos abertos online que aumentarão seus conhecimentos sobre o processo de exportação, incluindo conteúdos criados pela Corporação Interamericana de Investimentos (CII) e temas como desenvolvimento de um Plano de Negócios para Exportadores principiantes a fim de se adequar aos padrões fitossanitários de diferentes países.

- **Finance:**

Os usuários são informados sobre oportunidades de financiamento para comércio internacional e investimentos oferecidas pelo Grupo BID e bancos comerciais e podem preencher um formulário online para verificar se são elegíveis. Os usuários também poderão ter acesso ao InvestAmericas, uma plataforma desenvolvida pela CII, que procura facilitar os investimentos e o processo de contato entre empresas e investidores internacionais.

Usuários frequentes do site acumularão pontos, o que os tornará elegíveis para benefícios especiais oferecidos pelo BID e seus parceiros do setor privado Google, DHL, Visa e Alibaba.com. Os prêmios para usuários frequentes incluem anúncios online com desconto no Google, tarifas especiais para remessas pela DHL e promoções especiais em serviços do Visa e Alibaba.com.

- **Os parceiros do ConnectAmericas:**

- A DHL é a líder do setor em logística internacional, presente em mais de 220 países e territórios em todo o mundo. Usuários frequentes do ConnectAmericas terão descontos em remessas feitas pelo DHL Express.

- O Google Inc. é uma empresa global líder em tecnologia que se dedica a melhorar o modo como as pessoas se conectam com informações.
O Google oferece aos usuários benefícios especiais para acessar suas ferramentas de publicidade online e de computação em

nuvem, bem como treinamentos para que as PMEs participantes possam aproveitar ao máximo a internet e os produtos Google.

- O Visa, com mais de 30 milhões de cartões ativos em uso por pequenas e médias empresas (PMEs) na América Latina, Estados Unidos e Canadá, busca aumentar a produtividade de PMEs pelo acesso a pagamentos eletrônicos e ajudá-las a conquistar mercados internacionais por meio do comércio eletrônico.
- Alibaba.com, plataforma líder em comércio internacional por atacado, atendendo milhões de compradores e vendedores no mundo inteiro. Por meio da plataforma, pequenas empresas podem vender seus produtos para companhias em outros países e obter fornecimento de mercadorias do exterior.
Alibaba.com oferece descontos em seus serviços para usuários da ConnectAmericas, promovendo o portal e contribuindo com materiais de aprendizagem online.

❖ **Acesse:** www.connectamericas.com/pt/new_home

❖ **Cadastre sua empresa:**
https://connectamericas.com/pt/companies

20.3 Ferramenta Mapa Estratégico de Mercados e Oportunidades Comerciais para exportações de produtos e serviços.

❖ **Acesse:**
❖ www.geo.apexbrasil.com.br/Oportunidades_Comerciais

- http://www.apexbrasil.com.br/home/index

✓ Identifica e define mercados prioritários para as exportações brasileiras, assim como as oportunidades setoriais (em subgrupos de produtos) com maiores chances de contribuir para a diversificação da pauta exportadora.

- ✓ O Mapa Estratégico de Mercados e Oportunidades Comerciais para as Exportações Brasileiras é parte do Plano Nacional de Exportação 2015-2018 (PNE).

- ✓ Utiliza metodologia desenvolvida pela Gerencia de Estratégia de Mercado da Agência Brasileira de Promoção das Exportações e Investimentos (Apex-Brasil), aliada às prioridades apontadas por parte do setor privado brasileiro.

- ✓ Os mercados considerados prioritários para as exportações brasileiras de produtos são extensíveis também às exportações de serviços brasileiros, uma vez que a metodologia aplicada leva em conta variáveis macroeconômicas.

- As formas de atuação nesses mercados são classificadas em quatro categorias:

    - ✓ Mercados de Manutenção,
    - ✓ Mercados em Consolidação,
    - ✓ Mercados em Recuperação
    - ✓ Abertura de mercados.

- ❖ **20.4 Ferramenta de Análise de Mercados para Produtos, Mercados, Preço, Importadores, Concorrência, Barreiras Tarifárias e Barreiras Não Tarifárias: Radar Comercial.**

- ❖ **Acesse:** www.radar.mdic.gov.br

- ✓ O Sistema busca e faz cruzamentos de dados estatísticos, identificando oportunidades comerciais para produtos em mais de 100 países em SH-6 ou palavra chave.

A Entrada SH-6, identifica informações sobre o produto informado:
- ✓ Preço médio

- ✓ Potencial importador
- ✓ Dinamismo
- ✓ Performance da exportação brasileira
- ✓ Valores exportados e importados
- ✓ Principais países concorrentes
- ✓ Medidas tarifarias
- ✓ Medidas não tarifárias.

❖ **20.5 Ferramenta para Consultas sobre Tarifas, Regras de Origem e Serviços para Acordos Comerciais brasileiros: CAPTA**
❖ **Acesse:** www.capta.mdic.gov.br

Composto por quatro módulos:

- Preferências Tarifárias concedidas ao Brasil

- Tarifa aplicada ás exportações brasileiras nos países e pelo Brasil nas suas importações.

- Regras de origem vigentes nos acordos que o Brasil participa.

- Serviços: compromissos assumidos pelo Brasil na WTO.

- **20.6 Ferramenta para Análise Histórica das Estatísticas de Exportação e Importação: AliceWeb**

❖ **Acesse:** www.aliceweb2.gov.br

- Disponível após cadastro e geração de senha de acesso. Permite a análise histórica de dados realizados de exportação/ importação retirados do Siscomex de Estatísticas Mensais e acumuladas desde 1989 com base na NCM- Nomenclatura Comum do Mercosul.

    - **Permite impressão de arquivos que contém:**
    - ✓ Produto;
    - ✓ Pais;

- ✓ Preço US$ FOB;
- ✓ Quantidade exportada;
- ✓ Preço Médio.

- **Variáveis de Consulta:**
  - ✓ Mercadoria;
  - ✓ Pais;
  - ✓ Bloco;
  - ✓ Estado e município;
  - ✓ Porto;
  - ✓ Meio de transporte.

20.7 Ferramenta para Análise de Estatísticas de Exportação e Importação nos países do MERCOSUL: Alice MERCOSUL:

❖ **Acesse**: www.alicewebMercosul.gov.br

- Disponível após cadastro e geração de senha de acesso. Disponibilizado a partir de 2009 com estatísticas dos 4 países do Mercosul. (Brasil, Argentina, Paraguai, Uruguai)
- **Variáveis de Consulta:**
  - ✓ Mercadoria;
  - ✓ Pais;
  - ✓ Bloco.

- **- Módulos de Consulta**: 7

- **Permite consultar Mercadorias em 4 formas:**

  - ✓ Capitulo: SH 2 dígitos
  - ✓ Posição: SH 4 dígitos
  - ✓ Subposição: SH 6 dígitos
  - ✓ NCM: 8 dígitos

20.8 Ferramenta para Identificar Oportunidades de Negócio para Exportação e Importação e Investimento e serviços aos Exportadores: Invest & Export Brasil

É um Guia de Comercio Exterior e Investimento.

- ❖ **Acesse:**   www.investexportbrasil.gov.br/sobre-o-site

- O Guia de Comércio Exterior e Investimento divulga oportunidades de negócios e investimentos no Brasil e no exterior, tendo em vista a promoção comercial e da atração de investimentos para a economia nacional.

A plataforma reúne em um único ambiente, 3 Módulos :

- Módulo Exportar;

- Módulo Importar;

- Módulo Investir,

- Também estão disponibilizados produtos e serviços disponibilizados pelos Ministérios das Relações Exteriores (MRE); do Desenvolvimento, Indústria e Comércio Exterior (MDIC); e da Agricultura, Pecuária e Abastecimento (Mapa).

No Modulo Exportação: consulte Aprenda a Exportar nos blocos 3, 5 e 6

- **BLOCO 3: Conheça Mercados e consulte:**

- **Série "Como Exportar":** Guias da série "Como Exportar" oferecem informações sobre países específicos ou mercados integrados de interesse do exportador brasileiro.

- **Nossa Presença em Mercados Mundiais:** Informações sobre mercados globais

- www.apexbrasil.com.br/nossa-presenca-em-mercados-mundiais

- **Pesquisas de Mercado**: Radar Comercial, Alice WEB, Market ACESS MAP, AGROSTAT, SECOMS.

- **Acordos Comerciais**: tipos de acordos, Acordos internacionais de bens, serviços (GATS) e investimentos (AII).

- **Compras Governamentais, SGP, SGPC, Regime de Origem**

    - **Mapa Estratégico de Mercados**: Diversificação de Destinos e Pautas das Exportações Brasileiras

Bloco 5: Consulte Estatísticas e Indicadores.

Bloco 6: Divulgue seu produto:

- **Vitrine do Exportador**: Catálogo de empresas exportadoras brasileiras

- **Rodadas de Negócios e Participação em Feiras Internacionais**: Contato com compradores e com parceiros comerciais

- **ConnectAmericas**: Apresente sua empresa para o mundo

6. Encontre compradores

- **Catálogo de empresas estrangeiras**: Dados de empresas interessadas em importar produtos brasileiros

- **Brazilian Suppliers**: Aproximando Compradores às Empresas
    - **Trading Brasileiras**: Empresas Comerciais Exportadoras e Trading Companies

- **Oportunidades de Negócios**: Informações para auxiliar na tomada de decisão para alcançar o mercado desejado

- **Concorrências Públicas internacionais**: Projetos e licitações internacionais de interesse da comunidade empresarial brasileira

- **Programa de Promoção das Exportações para o Sistema das Nações Unidas (PPE-ONU)**

- **ConnectAmericas:** Clientes para seus produtos

- **20.9 Ferramenta Estatísticas do Agronegócio: AGROSTAT:**

❖ **ACESSE:**

http://sistemasweb.agricultura.gov.br/pages/AGROSTAT.html

https://login.agricultura.gov.br/sso/pages/login.jsp

http://www.agricultura.gov.br/internacional/indicadores-e-estatisticas

- ✓ O Agrostat é uma base de dados on-line que oferece uma visão detalhada das exportações e importações agrícolas e do agronegócio desde janeiro/1997.

As estatísticas podem ser consultadas por:

- ✓ Países, blocos, e áreas geográficas de origem e destino;
- ✓ Unidades da federação e regiões geográficas brasileiras;
- ✓ Setores, subsetores, produtos, e itens tarifários (NCM);
- ✓ Valor (em US$) e peso (em Kg);
- ✓ Períodos (meses e anos).

Outros relatórios baseados no AGROSTAT e atualizados mensalmente:

- ✓ Balança Comercial;

- ✓ Informes de Mercado;
- ✓ Informes de Produto.

❖ **Acesse:**

http://www.agricultura.gov.br/internacional/indicadores-e-estatisticas.

- **Meios de acesso:**

-Para acessar: http://agrostat.agricultura.gov.br, preencher os dados do cadastro e aguardar o recebimento de sua senha de acesso ao sistema, no e-mail informado.

20.10 Ferramentas de Análise de Mercado ITC: priorizar e analisar mercados.

- ✓ O Centro de Comércio Internacional (ITC) dispõe de um conjunto de ferramentas de análise de mercado, dados de mercado e fontes de informação.

Um dos principais desafios para os exportadores é a falta de informações confiáveis sobre o comércio nos mercados. Eles precisam de dados para se manterem competitivos. Ao mesmo tempo, os importadores buscam otimizar o potencial oferecido pelos acordos comerciais preferenciais e para melhorar a eficiência do seu fornecimento trabalhando com os países fornecedores competitivos.

O ITC desenvolveu cinco ferramentas on-line de Análise de Mercados:
- Market Access Map
- Trade Mapa
- Investimento Mapa,
- Comércio Competitividade Mapa
- Normas Mapa

Para acessar as ferramentas, registre- se no portal.

20.10. Ferramentas ITC: desempenho das exportações, demanda internacional, mercados alternativos, concorrência.

20.10.1 Market Access Map

❖ **Acesse:** www.macmap.org/

- ✓ É uma ferramenta on line similar, ao CAPTA, que analisa as condições de acesso ao mercado mundial, incluindo taxas dos direitos aplicadas, os acordos comerciais (regras de origem e de tarifas preferências), as estatísticas de exportação importação e medidas não tarifárias.
- ✓ Fornece informações sobre tarifas aduaneiras (incluindo preferências tarifárias) aplicados pelos 197 países e enfrentados por 239 países.
- ✓ Também abrange defesa comercial, normas e certificados de origem, direitos consolidados dos membros da OMC ,medidas não-tarifárias e os fluxos comerciais para ajudar os usuários a priorizar e analisar os mercados de exportação, e preparar as negociações de acesso a mercados.

20.10.2 TRADE MAP

❖ **Acesse:** http://www.trademap.org

- ✓ Fornece acesso on-line a maior base de dados comercial do mundo e apresenta indicadores sobre o desempenho das exportações, procura internacional, mercados alternativos e o papel dos competidores, do produto e perspectiva do país.

- ✓ O Trade Map opera em um ambiente interativo na web e abrange os fluxos comerciais (valores, quantidades, tendências, os valores de quota de mercado, e de unidade, tanto em formato gráfico e tabular) de mais de 220 países e territórios e 5.300 produtos definidos no 2, nível 4 ou 6 dígitos do Sistema Harmonizado.

- ✓ Dados de comércio também está disponível no nível da linha tarifária para mais de 150 países e em uma base mensal ou trimestral para mais de 100 países.

- ✓ Os dados anuais são baseados no COMTRADE, maior banco de dados comercial do mundo mantido pela Divisão de Estatística das Nações Unidas, e os dados mensais ou trimestrais são recolhidos por ITC de estâncias aduaneiras nacionais ou organizações regionais.
- ✓ Os dados de acesso ao mercado são recuperados do aplicativo Market Access Map
- ✓ Fornece na forma de tabelas, gráficos e mapas indicadores sobre o desempenho das exportações, procura internacional, mercados alternativos e mercados competitivos, bem como um diretório de importação e exportação de empresas.
- ✓ É uma ferramenta com dados mensais do comércio internacional, trimestrais e anuais combinados com indicadores estatísticos e informações sobre as empresas comerciais que a priorizar mercados de exportação ou de importação.

O Trade Map inclui:

- ✓ Análise dos atuais mercados de exportação:
- ✓ Examina o perfil e a dinâmica dos mercados de exportação para qualquer produto, avalia o valor, tamanho e concentração das exportações e destaca países onde as quotas de mercado aumentaram.
- ✓ Pré-seleção dos mercados prioritários: Ver principais países importadores do mundo, e em que países a demanda tem aumentado ao longo dos últimos cinco anos.

- ✓ Visão geral dos concorrentes nos mercados globais e específicos: Identificar os principais países exportadores para um determinado produto, destacar a posição de um país nas exportações mundiais ou nas importações de parceiros e países vizinhos.

✓ Revisão das possibilidades de diversificação de produtos em um mercado específico: Faça uma avaliação comparativa da demanda de importação para os produtos relacionados em um mercado de exportação, identifique as importações de produtos similares e as eventuais sinergias.

✓ Identificação do comércio bilateral existentes e potenciais com qualquer país parceiro: Identificar oportunidades específicas do produto, comparando o comércio bilateral real, a demanda total das importações de países parceiros e da capacidade global de fornecimento de exportação do país de origem.

✓ Informações sobre tarifas: Ver informações sobre tarifa ad valorem enfrentados pelos países em suas exportações ou aplicadas pelos países importadores.

20.10.3 Investiment Map

❖ **Acesse :** http://www.investmentmap.org/

✓ Ferramenta online que fornece a desagregação por setor de investimento estrangeiro direto (IED), o comércio, o acesso ao mercado e as filiais estrangeiras de informação para apoiar estratégias de atração de investimentos e segmentação.

20.10.4 Competitividade Mapa

❖ **Acesse:**

http://legacy.intracen.org/marketanalysis/TradeCompetitivenessMap.asp

20.10.5 Normas Mapa

❖ **Acesse:** http://www.standardsmap.org/

20.11 Ferramenta para Seleção dos Melhores Mercados para Exportação: Expoort Market Research

❖ **Acesse:** www.expoort.br

www.expoort.it

www.export.fr

www.expoort.es

- ✓ Os Estudos da Expoort Market Research ajudam a selecionar os melhores mercados de exportação e a dispor de informação para poder tomar decisões mais rápidas.
- ✓ A Informação política, económica, social, tecnológica, a procura potencial, importações, exportações, empresas do país, fornecedores, clientes potenciais, feiras, impostos, taxas, documentação alfandegária, legislação comercial e tendências.
- ✓ Dispõe de mais de 60.000 Estudos de Mercado, especifique o país de origem, o produto (por nome ou código do Sistema Harmonizado), e o país de destino em que está interessado exportar ou importar.

- **Pesquisar**

Especifique o país de origem, o país para o qual deseja exportar, e o produto.

- **Selecionar**

Selecione o estudo que lhe interessar da página de resultados.

- **Descarregar**

Descarregue o seu estudo de mercado em formato PDF.

Os Estudos de Mercado são de dois tipos: gratuitos e pagos.

- **Estudos de Mercado Gratuitos:**

✓ Os estudos Expoort Free são elaborados com base em 4 algarismos do Sistema Harmonizado de Designação e Codificação de Mercadorias elaborado pela Organização Mundial das Alfândegas (WCO).

Todos os estudos de mercado Expoort Free estão disponíveis em inglês. Se necessitar de outras línguas, acesse os estudos de mercado Expoort com 6 Digitos.

Conteúdo dos Estudos de Mercado:
- ✓ Informação económica, política e demográfica do país de destino.
- ✓ Procura potencial do seu produto de acordo com o seu código de 4 algarismos
- ✓ informação de exportações.
- ✓ Informação da oferta; diretório de empresas do setor,
- ✓ Principais feiras internacionais de interesse.
- ✓ Outras informações de acessibilidade ao mercado.

- **Estudos de Mercados Pagos**

✓ O Estudo Expoort com 6 Digitos é elaborado com base em 6 algarismos, conforme o Sistema Harmonizado de Designação e Codificação de Mercadorias da WCO. Uma definição de 6 algarismos permite mostrar dados mais precisos sobre o seu produto (estatísticas, pautas aduaneiras, regulações).Disponível em 6 línguas.

- **Além da informação disponível nos estudos Expoort Free,nos 6 Digitos é ampliada a informação sobre:**

- ✓ Procura potencial do produto no país de destino;
- ✓ Análise dos principais países competidores do seu produto;
- ✓ Empresas do setor no país de destino escolhido (potenciais clientes, sócios, etc.);
- ✓ Direitos e impostos aplicáveis no país de destino;
- ✓ Documentação geral e específica de exportação;
- ✓ Diretórios de empresas e mercados eletrônicos;
- ✓ Informação das principais feiras do setor;
- ✓ - Informação para a implantação no país de destino;
- ✓ Legislação aplicável, patentes e marcas;
- ✓ Informação de outros países com oportunidades de exportação do seu produto.

20.12 Santander Trade Portal

- ✓ Santander Trade é conjunto de sites oferecidos pelo Banco Santander aos seus clientes de negócios para ajudá-los a expandir seus negócios .

É composta a plataforma por:

- **Santander Trade Portal:** Informação, ferramentas e recursos para ajudar no crescimento do seu negócio: explore novos mercados, encontre congéneres, organize envios e defina o seu negócio no exterior.

- **Santander Trade Webinários:** Seminários interativos online e missões comerciais apresentadas por empresários peritos em vários campos do comércio internacional.

   Participe ou assista a vídeos de eventos anteriores.

- **Santander Trade Clube:** inovadora plataforma de negócios em rede exclusivamente dedicada aos nossos clientes globais.
   Entre em contato com parceiros em 13 países.

❖ **Acesse:**   https://pt.santandertrade.com/analise-os-mercados

20.12.1. Ferramentas de Análise de Mercado: informações de mercado de todo o mundo e selecione os países-alvo mais promissores para os seus produtos e serviços.

- **Informação do setor:**
  ✓ Mercados potenciais
  ✓ Fluxo Import - Export
  ✓ Estudos de mercado

- **Informação do país**

- **Serviços:**

    ✓ Alertas da indústria
    ✓ Tendências de mercado

20.12.2 Ferramentas para Encontrar Parceiros: Identifique novas oportunidades comerciais e os parceiros potenciais e verifique a estabilidade dos mesmos.

- **Encontrar parceiros:**
    ✓ Importadores em países-chave
    ✓ Fornecedores em todo o mundo
    ✓ Diretórios em 150 países
    ✓ Mercados online
    ✓ Feiras setoriais
    ✓ Federações profissionais
    ✓ Lista de potenciais clientes

- **Verifique os Parceiros**
    ✓ Relatórios financeiros
    ✓ - Empresas e navios bloqueados

- Informação do país

20.12.3. Ferramentas para realizar operações de exportação: Esteja em conformidade com as alfândegas, normas e os regulamentos locais. Calcule e otimize os custos de exportação.

- **Conformidade de Comércio:**
    - ✓ Documentos
    - ✓ Controle das importações
    - ✓ Controle das exportações
    - ✓ Regras de etiquetagem
    - ✓ Normas

- **Cálculo das Alfândegas**

    - ✓ Direitos alfandegários
    - ✓ Preço de exportação
    - ✓ Preço de importação
    - ✓ Conversão de medidas
    - ✓ Classificação do SH da alfândega
    - ✓ Classificação da alfândega local

- Informação do país

20.13 SISPROM: Sistema de Registro de Informações de Promoção Comercial

- ❖ Acesse: www.sisprom.gov.br
- ✓ É o instrumento pelo qual as empresas ou entidades registram suas operações de promoção de produtos e serviços brasileiros com benefício fiscal de redução a zero do IR, antes de efetuar as remessas para pagamento de despesas com a participação em

feiras e eventos semelhantes no exterior e de pesquisa de mercado realizada no exterior.

- ✓ O acesso ao SISPROM é por meio de Certificação Digital: e-CNPJ (token, smart card ou por dispositivo instalado no próprio computador do usuário). Por ocasião do cadastro da empresa poderão ser habilitados no próprio sistema seus representantes legais, que acessarão o SISPROM através de e-CPF.

21. Estudos de Mercado e Oportunidades Comerciais

21.1 SECOMS: Informações Comerciais dos Setores de Promoção Comercial das Embaixadas do Brasil no Exterior

- ✓ Os SECOMs, Setores de Promoção Comercial estão localizados em 103 Embaixadas e Consulados, e fornecem assistência a empresas estrangeiras que desejam investir no Brasil ou importar produtos ou serviços brasileiros.

- ❖ **Acesse:** www.investexportbrasil.dpr.gov

www.investexportbrasil.dpr.gov.br/PesquisaMercado/Busca/frmBuscaPesquisaMercado.aspx

- **Composto por 4 Módulos:**
  - ✓ - Empresas estrangeiras ofertam produtos
  - ✓ - Demandas de importação de produtos brasileiros
  - ✓ - Concorrências públicas internacionais
  - ✓ - Pesquisas de mercado: alguns estudos setoriais.
  - ✓ - Informações sobre produtos
  - ✓ - Feiras no exterior
  - ✓ - Códigos de Produtos e Serviços na Nomenclatura Comum do Mercosul

- **Publicações:**

Os Secom´s de Havana, Peru-Brasil, DPR News fornecem :

- ✓ Informativo trimestral sobre as ações desenvolvidas pelo Departamento de Promoção Comercial e Investimentos do MRE- Ministério das Relações Exteriores.

21.2 O Acesso das Exportações brasileiras ao Mercado Europeu: França

- ✓ **Elaborado pela Divisão de Inteligência Comercial (DIC) do MRE estudo sobre "O acesso das exportações brasileiras ao mercado europeu: o caso da França" em coordenação com o Setor de Promoção Comercial (SECOM) da Embaixada do Brasil em Paris.**

- Aborda 35 setores:

- ✓ Panorama geral do mercado setorial na França;
- ✓ Análise estatística de comércio exterior;
- ✓ Procedimentos normativos para a importação;
- ✓ Barreiras à importação;
- ✓ Principais feiras e eventos do setor na França.

- ❖ Acesse:
  www.investexportbrasil.gov.br na área Exportar/Conheça mercados/Pesquisas de mercado/Estudos de mercado.

21.3 Estudos de Mercados APEX

❖ **Acesse:**

www.apexbrasil.com.br/estudos-exclusivos-de-oportunidades-no-exterior

- ✓ A Apex-Brasil produz, estudos especializados em mercados-chave para os exportadores brasileiros, com o objetivo de fornecer insumos para auxiliar na definição da estratégia de atuação das empresas no exterior.

Estudos de mercados abordam desempenho econômico, política comercial, característica do mercado, indicadores de comércio e intercâmbio comercial de mercados estratégicos:

- **Europa**:
    - ✓ Rússia
    - ✓ Romênia
    - ✓ Turquia
    - ✓ Reino Unido

- **América do Norte**:
    - ✓ Estados Unidos
    - ✓ México
    - ✓ Cuba

- **África e Oriente Médio**:
✓ Angola
✓ África do Sul,
✓ Angola e Moçambique
✓ África do Sul –
✓ Emirados Árabes Unidos
✓ Arábia Saudita

- **Ásia e Oceania:**
✓ - Coreia do Sul
✓ China
✓ Indonésia
✓ Vietnã
✓ Índia

Oportunidades de Comercio e Investimento na China em setores selecionados:

- Estudo, realizado em parceria com o Conselho Empresarial Brasil – China (CEBC):

- ✓ - Guia inicial para empresas brasileiras sobre possibilidades de ingresso no mercado chinês, a partir da avaliação de oportunidades de investimento e comércio em setores selecionados: carne bovina, carne de frango, carne suína, café, celulose, calçados, soja, e suco de laranja e outros sucos.
- ✓ - Cenário Atual do Setor de Alimentos na China

- ✓ - Oportunidades para produtores Brasileiros de Rações e Cereais na China.

- ✓ - Oportunidades para a indústria brasileira de carne suína na China

- ✓ - Oportunidades para a indústria de carne de frango na China.

21.4 Oportunidades de Negócios

- ✓ Informações para auxiliar na tomada de decisão para alcançar o mercado desejado.

Para oportunidades regionais selecione abaixo o continente de seu interesse:

❖ **Acesse:**
- **América do Sul:**

http://www.investexportbrasil.gov.br/oportunidades-de-negocios-america-do-sul

- **África:**

http://www.investexportbrasil.gov.br/oportunidades-de-negocios-africa

- **Europa:**

www.investexportbrasil.gov.br/exportar-encontrEcompradores-oportunidades-de-negocios-europa

- **América Central:**

-       http://www.investexportbrasil.gov.br/oportunidades-de-negocios-america-central

22. COMO REQUERER A CERTIFICAÇÃO DO OPERADOR ECONOMICO AUTORIZADO - AEO

1. Portal OEA- S
2. Portal AEO no site da rfb.gov.br

Site com reunião de todas certificações.

- **Passos para certificação:**

  Documentos necessários da certificação OEA:

    - Legislação: IN 1521/2014
    - SPEED: contabilidade digitalizada
    - Requisitos da admissão

- **Obrigatório para todos:**

    - Solicitação através de DDA- DOSSIÊ DIGITAL
    - Admissão no domicilio tributário eletrônico (DTE)
    - Regularidade Fiscal - CND ou CPEN
    - Ausência de indeferimentos nos últimos 6 meses

- **Só para despachantes aduaneiros:**

    -Experiência de 3 anos e aprovação no exame de qualificação.

- **Só transportador:**

    - Adesão ao conhecimento de transporte eletrônico. CT-e.

- **Todos menos os despachantes:**

✓ Escrituração digital SPED

   http://www1.receita.fazenda.gov.br/default.htm

✓ Inscrição no CNPJ e recolhimento de tributos federais há 24 meses;
✓ Vinte e quatro meses de atuação na função objeto- exportação.

✓ Requerimento:
✓ Presença unidade da RFB
- SODEA: solicitação de Dossiê digital de atendimento nas unidades da RFB (presencial)
- 2. Requerimento de certificação OEA
- 3. Questionário de auto- avaliação – QUAA (ANEXO IV – IN 1521/14)
- 4. Documentos comprovatórios

- **Prazo para certificação**
    ✓ Prazo: 90 dias, prorrogável por mais 90 dias
    ✓ Contato: oea.df@receita.fazenda.gov.br - a/c: Centro OEA

- **Investimentos para se obter OEA-S:**

    ✓ Padrão de segurança internacional
    ✓ investimento mínimo: adequações na empresa

- ✓ 1.2 investimento zero: para aquelas empresas que tem boas práticas na segurança física da carga.

23. NOVOS PROJETOS DA RECEITA FEDERAL

O Projeto Síntia é um projeto relacionado:

- Lacres eletrônicos (Canal Azul)
- 2. Reestruturação do transito aduaneiro
- 3. AEO – Operador Econômico Autorizado.
- 4. O Rastreamento via satélite do transito aduaneiro

23.1 Projeto Sintia: Sistema Informatizado de Trânsito Internacional Aduaneiro

- ✓ SINTIA - Sistema Informatizado de Trânsito Internacional Aduaneiro que integra as aduanas dos países membros do Acordo sobre Transporte Internacional Terrestre (ATIT).
- ✓ O sistema foi adotado pelo Mercosul e está em fase de finalização no Brasil. O SINTIA tem a finalidade de proporcionar maior transparência nas operações (importação/exportação), além da redução do tempo de permanência dos veículos nas pontes de fronteira.
- ✓ 2009 criado cronograma na RFB, 2016 previsão de início de operação.

- **Conceito**:
  ✓ Intercambio de aduanas de países, informações relativas aos trânsitos aduaneiros com origem e destino entre os países membros da ATIT- Acordo sobre Transporte Internacional Terrestre – Mercosul - Rodoviário + Ferroviário (AAA n. 3 da ALADI, regulador do comercio entre os 7 países.
  ✓ Países signatários do ATIT: Mercosul, Chile, Bolívia, Peru e Venezuela.

- **Objetivos:**

- Elevar a percepção de risco

- Maior segurança nos procedimentos de aduana

- Aumentar serviços a sociedade

- Controle informatizado das operações de Transito Aduaneiro

- Incrementar a integração aduaneira

- Unificar o controle de transportadores através do e- MIC /DTA

- **O Projeto Sintia é dividido em quatro partes :**

a. Trânsito de exportação

b. Transito de passagem

c. Transito de importação

d. Web service (TI).

- **Eventos – Pacotes de Informação**

1. OFTAI- preenchido pelo usuário

2. PTAI – desembaraço aduaneiro

3. SATAI/EDTAI - transposição de fronteira

4. FTAI - destino

Origem Zona secundaria -- fronteira BR/ fronteira exterior ----- destino

- Não levar o despacho para fronteira.

- **Procedimentos:**

1. Transportador elabora MIC/DTA, antes da fronteira, 15 minutos antes do desembaraço.

2. Comprador faz a certificação

3. Transposição de fronteira agilizada

4. Caminhões equipados com lacre eletrônico e habilitação ao comercio internacional

5. Recebimento prévio da fronteira

6- Análise de risco RFB): canal verde

- **Resultados Esperados e Ganhos Adicionais :**

- **Resultados Esperados:**

1. Segurança

2. Burocracia

3. Relacionamento entre aduanas

4. Gerenciamento de risco.

- **Ganhos adicionais:**

1. Controle de embarques fracionados

2. RFB assume controle dos trânsitos simplificados.

3. Responsabilidades dos impostos extra zona: - 25%

4. Trânsito aduaneiro: 30% mais caro.

23.2 Lacre eletrônico: canal azul

- ✓ O lacre eletrônico é uma tecnologia para a cadeia logística de exportação de carnes, agilizando o fluxo de informações e o procedimento operacional. O lacre eletrônico servirá para rastreamento da carga, e aumentará a segurança do processo.:
- ✓ O lacre é de fácil instalação, rápida portabilidade em caso de defeitos e capacidade de leitura em diferentes distâncias, podendo ser feita pelo celular.
- ✓ O Canal Azul moderniza o processo da cadeia logística de carnes. A iniciativa poderá reduzir em média 57 horas o tempo entre a chegada dos contêineres no porto e a liberação para embarque. Com o Canal Azul, os contêineres não precisarão de liberação ao chegar ao porto, pois a validação será realizada previamente por um fiscal federal agropecuário no fluxo de saída do frigorífico. Hoje nenhuma carga que sai da indústria é liberada em 24 horas. E somente 5 a 10% dos casos são feitos em até 48 horas.
- ✓ Algumas Empresas habilitadas : BRF, Cooperfrigu, Frialto, Frigol, Frisa, JBS, Marfrig, Mataboi, Minerva e Rodopa, já estão habilitadas a utilizar o lacre eletrônico para o transporte de cargas de carne bovina com destino ao porto de Santos.

Sites uteis

- **Organismos Nacionais**

Associação de Comércio Exterior do Brasil

Agência de Promoção de Exportações do Brasil

BrasilExport

Câmara de Comércio Exterior

Catálogo de Exportadores Brasileiros

Centro Brasilieiro de Relações Internacionais

Fundação Centro de Estudos de Comércio Exterior

ICC - International Chamber of Commerce

Portal Siscomex

Ponto de Contato das Diretrizes da OCDE

Superintendência de Seguros Privados

Vitrine do Exportador

- **Organismos Internacionais**

Banco Mundial

BCIE - Banco Centraoamericano de Integração Econômica

BID - Banco Interamericano de Desenvolvimento

CAF – Corporação Andina de Fomento

OCDE - Organização para a Cooperação e Desenvolvimento Econômico

OMC - Organização Mundial do Comércio

- **Parceiros**

    Organismos Internacionais
    Banco Mundial

- Parceiros
  Banco Central do Brasil
  Banco Nacional do Desenvolvimento - BNDES
  Banco do Brasil
  Casa Civil Presidência da República
  Ministério do Desenvolvimento, Indústria e Comércio Exterior
  Ministério da Fazenda
  Ministério do Planejamento, Orçamento e Gestão
  Ministério das Relações Exteriores
  Secretaria de Assuntos Internacionais do Ministério da Fazenda

www.ingramcontent.com/pod-product-compliance
Lightning Source LLC
Chambersburg PA
CBHW030616220526
45463CB00004B/1305